玻璃衣櫃

John Browne
約翰・布朗

The Glass Closet

英國石油前執行長的出櫃告白與企業平權之路

Why Coming
Out Is Good Business

目錄

REVIEW

各界推薦

愛上總裁在這裡並不是羅曼史小說的書名，而是一則真實的老gay買春落難記。但所有的醜聞都可以有正面意義，至少我們知道，同性戀無所不在，而原來位高權重的企業執行長也會為了出櫃而怯懦與苦惱。

——《不存在的人》《女朋友。男朋友》作者　萬金油

隨著時代風氣轉變，人權意識提高，同志們開始勇敢出櫃，不畏外界流言蜚語，用自己的行動捍衛自己的價值，也鼓勵其他同志勇於追求自己的夢想。當改變開始，相關的阻力也會一波接著一波接踵而來。

但是，同志人權是普世價值，它站在真理的這一方，這股力量沛然莫之能禦。

就像同志們所言：「我們要的不是特權，是平權！」每個人都有追求幸福的權利，但是，沒有、也不應該有阻止別人幸福的權力！

——熱血公民教師、《思辨》作者　黃益中

再堅固的深櫃只要找到致命的施力點就會崩潰，但社會上牢不可破的歧視，更是。因為那些歧視本來就禁不起檢驗。

——導演　楊雅喆

本書既講述個人故事，也提供明確指引。這本書勾勒出一幅令人信服的藍圖，告訴我們，如果LGBT男女不再困於自己的身分，擺脫偏見與焦慮的糾纏，我們的社會或個人所能企及的理想樣貌。

——高盛集團（Goldman Sachs）執行長
勞埃德．布朗克凡 Lloyd Blankfein

約翰·布朗的《玻璃衣櫃》是一本勇敢且引人入勝的書，告訴我們企業可以如何領頭促進同志權益；也告訴我們，為什麼無論對企業或個人來說，做真實的自己都是最好的選擇。

——維珍集團（Virgin Group）創辦人
理查·布蘭森爵士Sir Richard Branson

你的員工裡有多少人過著雙重生活？有多少人浪費寶貴的精力與情感，只為了緊鎖櫃門？企業領袖們嫻熟於改造世界、觸發改變。這是一個我們可以做到、也應該做到的議題。

——渣打銀行（Standard Chartered）執行長
彼得·桑茲Peter Sands

這是一本充滿勇氣與實用性的書，提醒我們，雖然社會已經取得巨大進步，但我們距離真正寬容的社會還有一段很長的路要走。本書有力地說明，企業必須是推動寬容的驅動力。

——聯合利華（Unilever）執行長
保羅・波曼Paul Polman

布朗勛爵的這本著作充滿毫不退縮的真誠，將帶來長遠的社會價值。他在書裡說道：「當你能展現真實的自己，你能做得更多，讓世界變得更美好。」他花了大半的職業生涯旅程才得到這個結論；但隨著他把結論分享出去，將讓他人更能輕易追隨。

——WPP集團執行長
馬汀・索洛爵士Sir Martin Sorrel

這是一本勇敢的書。本書探討了全球商業界幾乎從不討論的議題——同志權益，並驅散了各種誤解。

——lastminute.com網站創辦人
瑪莎・福克斯Martha Lane Fox

本書對文化有重大意義……〔布朗〕努力提供自己誠懇真實的個人故事，用這些故事鮮明地描述我們手邊的社會議題。

——《圖書館期刊》（*Library Journal*）

對任何關注職場多元文化的人來說，這是一本重要的讀物。

——《泰晤士報》（*Times*）
安德魯・克拉克 Andrew Clark

布朗有力地說明，企業應該要當領頭羊，鼓勵開放文化。

——《週日郵報》（*Sunday Times*）

企業界一流的同志權益代言人。

——《經濟學人》（*The Economist*）

在蘋果執行長提姆・庫克（Tim Cook）出櫃的同時，他成了一小群事業有成的出櫃企業執行高層中的一員；這群人裡，也包括了英國石油前執行長約翰・布朗。布朗在二〇〇七年被一份英國小報揭發同志身分，那年他五十九歲。在本書裡，他坦誠地回顧那段雙重生活的經驗。這是一本極誠實且動人的回憶錄，記述他自我發現的旅程，也告訴我們，企業可以如何創造開放的文化。「同志不該犧牲自己的幸福快樂，只為了討好那些觀念陳舊的人。」他寫道。對任何一位關心社會責任的人來說，這是本非讀不可的書。

——《財星》（*Fortune*）雜誌

克里斯多弗・查茲克 Christopher Tkaczyk

FOREWORD

同性戀與企業升級

國立政治大學台灣文學研究所助理教授　紀大偉

《玻璃衣櫃》這本書的主旨就是鼓勵「企業界」和「同志圈」發生交集。不管是在《玻璃衣櫃》關注的英美國家，還是在台灣，人們經常將企業界和同志圈視為兩個互不往來的世界——人們往往頂多謠傳某某企業名流也是同志。但是這種八卦雖然好玩卻很膚淺，並不會為同志或企業帶來任何具體好處。《玻璃衣櫃》遠遠超越八卦的層次，直接指出同志尊嚴對於企業的利害關係：既然同性戀人口到處都在，企業界之內、之外都有同志，那麼企業就該正視同志的需求。只有正視同志尊嚴的企業才可能讓同志員工心悅誠服，因此提升整體企業的競爭力。

這番盤算很好懂。大家都知道Google辦公室設置了遊戲間、美食餐廳，讓員工覺得上班很舒服，這樣員工才會在辦公室發揮高度生產力。按照同樣的邏輯，如果要讓同志員工大展長才，公司就應該讓同志覺得身心舒坦。

《玻璃衣櫃》作者約翰·布朗（John Browne）出身德國，在英國政商學各界都享有極高威望。但是他一直隱瞞自己的同性戀身分，往往藉著閱讀文學（例如美國同志文學名著《喬凡尼的房間》〔*Giovanni's Room*〕）排解心中苦悶。六十歲那年，他在事業最高峰的時候，被迫公開同性戀身分，只好辭職下台。讓人側目的是，布朗離開事業之後，不但沒有因此「敗退」、迴避同性戀話題，反而「逆轉勝」、開始鼓勵各大企業重視同志。

他認為自己在專業生涯遭受的重大傷害，倒不是六十歲這一年同性戀身分曝光，而是他從青年時代一直到六十歲，幾十年來小心翼翼保密同志身分的自我壓抑。前者的傷害是短暫的，後者的內傷是長期的。他在六十歲被迫承認同性戀身分之後，「因禍得福」：朋友送給他一本同性戀文學名著《哈德良回憶錄》（台灣已有譯本）安慰他；年輕男子投懷送抱成為他人生的第一位男朋友。在他六十歲之前，他都一直以為只要靠一夜情熬過一輩子就好。

「玻璃衣櫃」這個書名可以帶給台灣讀者多種聯想。首先，「衣櫃」是指同性戀者守住身分祕密的狀態。同性戀者跟別人承認自己的性偏好，叫做「出櫃」；同性戀者不跟任何人吐露自己的祕密，叫做「留在衣櫃裡」。剛好「玻璃」在台灣正好是指涉「男同性戀者」的俚語，所以「玻璃衣櫃」可能會被讀做「男同性戀的同性戀保密狀態」。這種很台的詮釋會讓此書作者約翰．布朗覺得好可愛又好錯愕，因為約翰．布朗心裡想的「玻璃」應該是「玻璃天花板」的玻璃。在英語世界，政商學界的高階人士幾乎都是白種男性，身為女性或有色人種的中低階人士就算力爭上游，卻往往被某種看不見的機制卡住，無法晉升高階；這種看不見的機制就像是玻璃做的天花板，讓有心出頭的女性和有色人種撞到滿頭包。玻璃天花板逼迫女性和有色人種在職場委屈低頭，那麼玻璃衣櫃就逼迫同性戀者躲在祕密裡。除了這兩種聯想之外，我也想到英文一句俗語：「住在玻璃屋裡面的人不能丟石頭」，因為這種人一旦朝屋外的人丟石頭（指，主動攻擊別人），就會先打破自己的玻璃屋。也就是說，這種人很心虛，不能採取攻勢，只能採取守勢。

約翰．布朗並不是要求同志圈進攻企業界，也不是要求企業中的中低階同志向上頭的老闆開誠布公，而是要求最有權勢的一方——企業管理階層——提供善待同志的環境給公司內外的同志。約翰．布朗的主要論點並不是要開「粉紅經濟」（pink economy）的支票。粉紅經濟的說法其實已經是國內外常識：企業跟明星藝人一樣，跟同性戀者示好，就可以從同性戀消費者身上賺錢。但是「討好同志就可以大賺同志的錢」這種簡陋的願景並不能滿足精明的布朗，正如「開放陸客就可以海削陸客」這種如意算盤再也騙不了覺醒的台灣店家。如果只是要在短期內賺進現金，那麼去辦週年慶大拍賣就好了，何必維持企業的高度。布朗的見解是，如果一家企業可以徹底執行對同志友善的長期政策（而不只是短期噱頭），那麼這家企業就更具競爭力：這家企業能夠向全球海選人才，也更能鼓勵現有的同志員工鞠躬盡瘁。企業不只要思考怎樣面對同性戀消費者（以及短期收入的現金），也要評估自己信奉哪一種高度的價值（以及長期回收的種種無形利益）。

但約翰．布朗也並沒有捨棄粉紅經濟。他發現，祭出粉紅經濟的商家（例如，打出凸顯同性戀愛侶廣告的商家）可能受到保守人士的攻擊，而這種商家經常一遭受抗議就馬上放棄繼續支持同志。但這種保守人士的攻擊往往只是一時風波；被同志友善策略打動的消費者卻可能長久銘記在心。如果商家一遇到短期的抗議就撐不下去，那麼又怎麼能夠爭取長期的民心？

約翰．布朗的視野不是微觀的，而是巨觀的：他並非關心個人層次的上班族求生祕訣，而是關心整體社會層次的生命向度。約翰．布朗的邏輯是，只要企業給同志好處——而且是長遠的好處，那麼終究會造福企業自己——而且是長期的造福。他的終極關懷其實還是在於企業體，而不是在於一個個同性戀平凡人。他反覆強調，企業要對同志友善，這樣同志才會為企業賣命。某些同志讀者朋友覺得約翰．布朗的白領階級世界很遙遠，但是我覺得約翰．布朗還是可以當作同志的策略性盟友。

當然《玻璃衣櫃》的標靶讀者還是企業界人士：「企業現在了解，光是寬容LGBT員工是不夠的，更應該主動吸引他們，會帶來種種好處，」約翰．布朗強調。企業如果想要升級，就該考慮如何讓同性戀的尊嚴升級。

FOREWORD

打破不歧視的表面友善

社團法人台灣同志諮詢熱線協會理事長　林維尼

出櫃，是同志一生都在面對的議題。

以我自己為例，在大學時跟以為很開放的好友出櫃之後，卻因為他不知道如何面對同志朋友而漸行漸遠；就讀研究所時，因為男友寫給我的情書被家人發現，被迫跟家人坦白，但幸運地家人都能接受。同樣都是出櫃，有主動有被動，有令我感到遺憾的，但也有好的結果。

開始工作之後（二〇〇一年），因為不確定環境是否友善，也不知道同事們是如何看待同志，即便是在號稱自由開放的外商工作，也選擇不在公司出櫃。面對同事詢問為何單身，就說是追求個人自由生活而不想交女友；即便在同志場所遇到另一個同事，也不會打招呼，在公司也裝作沒有這件事。

後來，在美國念MBA（二〇〇七—二〇〇九年），發現每家公司進行人才招募時，都會強調自己是「Equal Opportunity Employer」（簡單的說，就是公司不會因為年齡、種族、性傾向及其他因素而影響錄取的決定），甚至有一家管理顧問公司派出公司內的同志員工來跟商學院的同志學生晚餐，希望我們能積極申請該公司的職缺。這對我來說是一個很特別的經驗。在台灣，「同志」或「多元」在面試過程或工作環境中是個完全不會被提及的話題；在美國卻是招募政策中必須要強調的，甚至認為同志員工能為公司帶來價值。

時至今日，台灣的職場環境對同志是否友善呢？

台灣在法律層面有「性別工作平等法」，理論上雇主不能因為性別或性傾向有所歧視，但不時還是可以聽到職場性別歧視的事件，像是二〇一〇年底發生的馬偕醫院解雇跨性別員工，院方在二〇一二年被法院判決賠償。同時，即便同性婚姻或伴侶在越來越多的國家被承認，也鮮少聽到台灣的公司福利政策願意拓及至同志伴侶。這代表台灣的職場環境在同志議題上，還是處於不去正面看待的情形；僅僅因為法律需求而「被動」維持不歧視的表面友善，卻沒有在公司政策甚至一般工作環境中「主動」讓同志擁有更友善的工作環境。

同時，本書也提到美國有人權運動基金會（Human Rights Campaign）這個組織設計出企業平權指數（Corporate Equity Index），用以評估美國企業對同志員工的友善程度；在該組織的網站也可以看到他們以此每年發表的「Best Places to Work for LGBT Equality」。目前在台灣尚未有組織持續且有系統性地針對企業同志友善程度做評估並發表報告，人權運動基金會所設計的指標也不見得全然適用於台灣。期待透過本書的出版，能讓企業開始思考同志友善職場環境的議題，甚至想辦法在企業內部實踐；也希望對此議題有興趣的團體或個人能組織起來，一起去監督並協助企業打造一個同志友善職場環境。

另一方面，本書作者不僅分享自己在職場上如何看待與處理自己的同志身分，也透過訪談去呈現不同的人面對這個議題有不同的考量與決定。大家也可以思考一下，自己認識多少公開出櫃的同志？除了演藝圈較常被報導之外，政治圈這幾年也有越來越多同志身分的參選人，像是去年在高雄參選市議員的梁益誌、以及今年參選台北市立法委員的呂欣潔，都試圖透過現身去開拓同志的場域。但是，在其他商業環境就很難見到同志的現身，這也正反映出同志對於職場友善程度依舊有所疑慮。同時，出櫃是一個很個人而且親密的選擇，職場出櫃的同志以及被出櫃的朋友們，如何一起面對工作環境中其他不知情的同事，也是需要大家一起去思考的。

最後，即便本書中的經歷或建議不一定適用於台灣目前的環境，也希望能因此帶動大家去重視並討論這個議題；如果同志朋友們在職場上遇到任何歧視，可以連絡社團法人台灣同志諮詢熱線協會（www.hotline.org.tw），我們也會盡力提供協助。

PROLOGUE

前言

在二〇一二年十一月的英國上議院，我在投票表決期間的休息時段站在走廊，和一位學者、一位主教、一名政治人物談話。我說，明天我要在「站出華爾街」（Out on the Street）研討會上主持一場座談，這場活動邀請了資深商界領袖齊聚一堂，討論如何改善LGBT（女同性戀者〔Lesbian〕、男同性戀者〔Gay〕、雙性戀者〔Bisexual〕、跨性別者〔Transgender〕）員工在金融服務業的工作氛圍。三位大老一臉困惑。「真想不到，」一人說道。「這個問題早就解決了。在學術界、教會、政治界，我們一點問題也沒有。」

這句話聽起來，好像他起了個頭，要開始講個低劣的笑話；但大老們臉上浮現驚訝的表情，顯然不是在開玩笑。多數人（即使是受過高等教育的人）普遍對ＬＧＢＴ員工每天面對的困境渾然不覺。即使大環境已經有種種反歧視的措施、社會對同志婚姻的態度逐漸轉變、大眾文化中有越來越多同志人物，在美國估計仍有四一％的ＬＧＢＴ員工選擇不出櫃。[1]在英國，則是三四％。[2]努力想爬上企業高層的員工顯然缺乏學習仿效的對象：截至二〇一三年底，《財星》五百大企業的執行長裡，竟然連一位公開出櫃的同志也沒有。（編按：蘋果執行長提姆．庫克〔Tim Cook〕於二〇一四年十月三十日在《彭博商業周刊》〔*BloombergBusinessweek*〕的文章中公開出櫃。）

這本書希望能了解他們不願出櫃的原因是什麼，並告訴讀者以真面目待人的種種優點。

本書匯集了超過一年的研究，以及我與全世界超過一百名商界專業人士、執行高層、學者、體育與娛樂界人士、心理學家、多元文化思想領導者的訪談。這本書有兩個目標。第一是透過我自身的故事以及其他同志企業執行高層的故事告訴讀者，無論是對員工自身或對支持員工的企業來說，出櫃都是最佳策略。第二是為企業提供一條可以採行的道路，以促進真誠、包容、多元、尊重的價值。

我必須做幾個重要聲明。首先，我的初衷並不是代表整體同志社群發聲。每個人的出櫃經驗都不一樣。年齡、地域、職業、年資、宗教背景、家庭狀況等等因素都會影響出櫃的經驗。在尋找面談對象時，我不但透過自己的人際網路，也撒下更大的網，希望能捕捉更多元的聲音與經驗。然而，本書主要還是聚焦於白領專業人士。這麼做並非有意掩蓋藍領階層面對的挑戰。事實是，我在商業界打滾了超過四十年。我希望能寫些關於我自己最熟悉的事物。

同樣地，本書主要側重在美國與歐洲。在一些國家，同性戀仍被視為犯罪，曝光會讓同志入獄或甚至喪命；與這些國家的男女同志相比，西方國家的LGBT商界人士面對的困境只是小巫見大巫，簡直微不足道。當美國的活躍人士疾呼要求給同性伴侶平等福利、給同性婚姻法律認可的同時，在烏干達與印度等地的活躍人士則是為了最基本的保障與人權奮鬥。他們的困境值得全球關注，但已超越了本書的中心範圍。我希望西方國家的商界領袖與企業能運用他們的影響力，幫助其他地區的LGBT族群做出改變。

最後，本書是務實取向而非理論取向。書頁裡的故事提供了各種範例，人們可以從中學習並挑選適合的案例應用在自己的生活中。

出櫃只需一瞬間，但是，要建立出櫃的自信心卻可能需要幾十年。出櫃背後包含了歷史與心理、法律與宗教、成功與失敗等種種因素。本書希望能涵括這些要素。第一章聚焦於我向英國石油（BP）請辭的事件，這起事件的導火線是我的性傾向曝光。環繞著我離職的種種戲劇性事件，象徵著我的專業生涯與個人生活的轉捩點。它們顯示的是不真誠帶來的後果。

我對自己性傾向的不安全感不全然來自於我的生長環境、我的事業或我的社交網路。另一個重要的影響，是社會長期以來用不同的標準看待同志、給同志不同的待遇。第二章將介紹恐同心理在世界各地的社會與時代落地生根的歷史脈絡。

恐同心理，以及其促成的反同法律正逐漸消失；然而恐同的歷史遺產仍渲染著我們的思維。第三章，我們聆聽依舊躲在櫃裡的男男女女的聲音，他們到現在仍害怕出櫃會限制他們的事業成就。他們的恐懼也許過度誇大，但當你活在櫃裡的時候，是很難平衡看待這份恐懼的。聆聽他們的故事，也反映著很多我自身的經驗。

他們的憂慮與一項不幸的事實交織在一起：對同志的偏見依舊存在。我們將在第四章裡見到，偏見隨著時間漸漸消逝，但LGBT員工在出櫃時仍時時需要做好接受風險的心理準備。就如同任何其他行業一般，商界總有一部分心胸狹隘的人。但這個領域也有越來越多的支持者。第五章將說明企業為什麼需要改變、該如何擁抱改變。企業現在了解，光是寬容LGBT員工是不夠的，更應該主動吸引他們，會帶來種種好處。

自出櫃以來，我的生活更加自由，我迎向全新的專業挑戰，不再為出櫃擔心。但出櫃是個艱難的過程。在第六章中，商界同志分享他們有關出櫃的種種正面故事。這些故事形形色色，就像LGBT社群的成員一樣多元。

揭露真實自我所帶來的挑戰，在每個領域都不一樣。因此在第七章，我將目光轉向傳統商界以外的領域，包括專業體育界與政治界。在體育界，ＬＧＢＴ平等與包容程度仍遠遠落後社會整體，而政治界則是推動變革的最重要平台之一。這些領域有其獨特的環境條件，但它們為其他領域的男女同志提供了值得參考的學習經驗。

這段旅程，從衣櫃之內走到執行長辦公室，將告訴我們公司企業如何能改變企業文化，促進對ＬＧＢＴ的包容性，這是第八章的主題。這章也將說明，為什麼同志員工必須為自身的職業生涯負責。公司如果能敲開櫃門，決定要不要走出去的人則是員工自己。

回顧我擔任英國石油執行長的期間，我但願當時自己有足夠的勇氣早點出櫃。我的後悔到今天仍難以平息。我知道，如果我早點出櫃，我可以對其他男女同志產生更大的影響力。我希望這本書的故事能帶給一些男女同志勇氣，發揮自身的影響力。

CHAPTER

1

捉迷藏

該是離開大樓的時候了。

二〇〇七年五月一日下午五點，僅僅數小時前，我剛剛遞出英國石油公司執行長辭呈。我走進倫敦總部五樓電梯，電梯開始下降。當電梯門打開，我有兩個選擇。我可以在不受注意下走到地下室停車場，開車從查理二世街（Charles II Street）遁逃。或者，我可以直直穿過大廳走出正門，門外是綠意濃密的聖詹姆士廣場（St. James's Square），那裡有大約三十個新聞攝影記者守候了一整天，像禿鷹等待獵物一般。

過去四十年來，我全心全意想在石油業界隱藏我的性傾向，我的這份渴望在這個可怕的時刻達到了高峰。我長久隱藏的祕密即將被揭開，無法再隱藏。我決定，我必須從正門離開。

攝影記者與編輯回到報社，有滿滿的材料可以大作文章。伊迪法官（Mr Justice Eady）同年一月在高等法院曾下達一道新聞禁令，在今天早上大約十點解除。禁令一解除，聯合報業（旗下有《每日郵報》〔*Daily Mail*〕、《週日郵報》〔*Mail on Sunday*〕和《倫敦標準晚報》〔*Evening Standard*〕）就可以詳盡報導我和一位名為傑夫・齊瓦利（Jeff Chevalier）的年輕加拿大人之間為期三年的關係。

關於我們關係的謠言已經流傳了好幾個月，[1]但如果這則八卦獲得直接公開的證實，會讓商界大多數人大吃一驚。

二〇〇三年，傑夫二十三歲，是個應召男。我在網路上認識他，現在這個網站已經關站了。我在大眾的眼中是個企業家，因為擔心曝光風險，沒膽上夜店或交男友。相反的，我選擇了一條隱祕但更危險的做法。無論如何，九個月後，他搬進了我家。我覺得老實告訴最親近的朋友我們認識的過程太過難堪，所以我們編造了一個故事，說我們是在我的公寓對面、泰晤士河對岸的貝特西公園（Battersea Park）慢跑偶然認識的。我從不曾主動講過這事，但朋友自然會好奇。朋友一追問，我就端出這套樣板故事來。

我的這段關係最後以分手告終。我繼續在經濟上支持傑夫，不是因為我想用錢封他的口，而是因為我心裡想做好人，不希望草率地切斷與他的關係。然而，我並不打算養他一輩子。在大約九個月後，我停止寄錢給他。他開始傳簡訊和電郵給我。我置之不理。二〇〇六年耶誕夜，他寫了一封電郵給我，語帶恐嚇。「我要求的最低限度是一點點幫助，」信中寫到。「我不想讓你難堪，但我用盡各種方法進行溝通，你卻毫無反應，已經讓我走投無路了。」[2]我仍舊忽略這封信。

耶誕節與新年來了又去。二〇〇七年一月五日星期五我在巴巴多斯（Barbados）度假，《週日郵報》撥電話給英國石油媒體部。他們說，他們打算爆料我的私生活，焦點放在我和傑夫相遇的過程還有我們交往期間的點點滴滴。傑夫把這則新聞賣給報社，換來一筆不小的金錢。他們要我在當天結束前回應。無論我有沒有回應，星期日這條新聞都要見報。

陽光沙灘的好風景被憤怒與恐懼取代。我曾經那麼信任這個年輕人，他卻選擇把我們的故事兜售賺錢。他講的故事裡，事實終會證明很多是誇張或不實的內容。我建築在個人私生活周圍的高牆開始倒塌。我害怕即將觸發一場連鎖反應，最後會破壞我的人生、我的商業關係、我的信譽、最終毀了股東託付給我領導的英國石油公司。與朋友同事緊急討論後，我決定聘請倫敦最頂級的律師事務所，想辦法取得阻止新聞見光的禁令。

我那時五十九歲，在我最親近的朋友圈中，絕大多數不曾與我討論過我的性傾向。然而在突然間，我卻需要透過手機，把我的生活一五一十解釋給初次認識的律師聽。我們素昧平生，但在這焦急且緊張的狀況下，我不得不與他分享我的祕密第二人生，尤其是其中最私密的細節。也許這也是為什麼我決定不要全盤托出。當律師問我，一開始怎麼與傑夫接觸時，我說我們是在貝特西公園慢跑認識的。

一月六日星期六，高等法院頒布禁令，禁止這條新聞付印。我大大鬆了一口氣，但我知道這只是短暫的緩兵之計。我知道報社還會再上訴，頑固地緊咬不放，直到禁令解除。我也知道，我的供證裡藏著一處造假，這會影響重大。

第二天我飛到千里達處理公務。我與首相曼寧（Manning）會面，會面期間我的心頭纏繞著禁令，以及一份指責英國石油煉油廠安全問題的報導即將登報。我下定決心，我不能繼續擔任執行長。我個人生活的風暴可能會毀掉我的聲譽，我堅決不讓這件事對英國石油造成影響。一月八日，我搭隔夜班機飛回倫敦。飛機一落地，我與董事會主席彼得．薩瑟蘭（Peter Sutherland）見面。依照律師的指示，我盡可能地向他解釋，同時小心不致洩漏法院禁令的內容或細節。我說，我希望立刻辭職。雖然彼得接受了我的提議，但董事會決定讓我續任直到七月底。當禁令持續在法院系統裡慢慢推進的同時，法律限制各團體不得聲張，我該怎麼向大眾解釋我的辭呈？公司任命了東尼．海沃德（Tony Hayward）接下我的位置。他將在夏天上任，我無可奈何只好等待。

二〇〇七年一月十六日，英國石油公司發表了《貝克報告》（*Baker Report*）的結果，美國前國務卿詹姆士・貝克（James Baker）領導調查二〇〇五年三月英國石油位於德克薩斯市的煉油廠爆炸案，調查小組發表了這份報告。相形之下，我的個人憂慮顯得微不足道。那場悲劇造成十五人死亡、超過一百七十人受傷，是美國近二十年來最嚴重的職場意外事件之一。這是個氣氛極度緊張的一天，我承認對此負責。報告發表記者會讓我想起爆炸案發生後我巡視煉油廠的回憶，受害者家屬和員工的痛苦都還歷歷在目。

在保持個人生活與專業生活之間的距離，我有豐富的經驗；但《貝克報告》殘酷的誠實推倒了我心裡的高牆。事實揭曉，我和傑夫相遇的故事是我編造的謊話。這時我沒辦法把精力放在任何其他事情上。二〇〇七年一月二十日，我更正了我的證詞，對證詞誤導辦案向高等法院致歉。我鬆了一口氣，雖然我心裡知道，道歉對於必然的結果沒有任何影響。

在外面世界的眼中，一切運轉照舊。我接下來六個月的行程表，看起來就和我擔任英國石油執行長的任何一段時間沒什麼兩樣。每天充滿了開會和商務旅行：五趟飛紐約、三趟飛美國其他城市、兩趟飛俄羅斯（包括一趟向俄國總理普丁〔Vladimir Putin〕道別）、一趟飛中國。同時還有三場英國石油董事會與一場會員大會。我在表面上一派泰然自若，但這段時間是我此生壓力最大的日子。

有時候，保持沉默的壓力讓我舉止失常。我在毫無理由的情況下臨時決定不出席在達沃斯（Davos）舉辦的世界經濟論壇（World Economic Forum）。一月底，我休了一週的假，消失得全無蹤跡，我從來不曾這樣。在漸漸升高的偏執心理下，我試圖躲開任何可能問我為何離開英國石油的人，我逃到巴塞隆納附近的朋友家。我回來時，聽到高等法院判決禁令將解除，但允許禁令暫時維持有效以利上訴。上訴法院在三月五日及六日聆聽我的上訴錄影。在等待他們判決的同時，我到紐約辦公。我記得當時被焦慮困擾到不得動彈，我獲頒一個商界獎項，消費者新聞與商業頻道（CNBC）攝影團隊要為我錄影，我甚至忘了赴約。奇異（GE）執行長、也是CNBC的所有者，傑夫．伊梅爾特（Jeff Immelt）後來打電話給我，說他們已經取消了這份獎項。

幾天後，我的上訴失敗，但法院再次決定維持禁令暫時有效，讓我能上訴上議院，這是保護我的隱私權的最後機會。然而，我知道這一步不太可能成功，禁令遲早會解除。我為禁令解除這一天做了不少準備工作，居然沒花太多時間就完成了。好像這一切，包括我的辭呈，都是很早以前就預定好的計畫似的。

這是我人生中最如夢魘般的幾個月。我不是個受害者。人人都必須為自己的選擇負責，而我也做過一些不好的選擇。我一直以來活在衣櫃裡，為了一個應召男讓自己捲入一團混亂中。這已經夠糟了。但更糟的是，我不但維持著這段關係，還不打算把這件事告訴任何人。因此我在證人陳述書裡說了謊，兩週後我更正了這個謊。雖然這不算偽證，但已十分接近。我說的謊讓一切每況愈下。在這段艱困時期，我的律師告誡我不得與任何人討論這個案件，但《週日郵報》的編輯卻抓準時間將新聞加油添醋。時間持續折磨著我，直到二〇〇七年五月一日禁令終於解除。

中午時，我已經向自己領導了十二年的英國石油提出辭呈。我大學還沒畢業就在這裡工作了，這是我職業生涯的起點。我給記者唸了一份聲明稿，文字中帶著一股悲悼的語調。

「我在英國石油服務的過去四十一年職業生涯中，一直都把自己的私人生活與公務生活分離，」聲明說，「我一直認為自己的性傾向是個人的事，應該保持隱私。我感到很失望，現在某個報業集團決定要讓我私人生活的訴訟案公諸於世。」

這份聲明引發了如海嘯般的新聞頭條與報導，連續數日盤據英國與國際主要報紙頭版。高等法院解除禁令後，報社有恃無恐，大肆報導許多糾纏不清的訴訟案，有些是內容錯誤、誤導讀者的新聞。我並沒有如報導宣稱，向前男友透露我和英國首相東尼．布萊爾（Tony Blair）或財政部長高登．布朗（Gordon Brown）的機密對話。我也沒有盜用公司資產與經費供養他，英國石油在調查證據後也證實了這點。

在法院宣判文中，伊迪法官說雖然他可以將此案轉交給司法部長，但這樣不會有任何幫助，因為把我的一言一行寫在公開判決書中，就已經是充分的懲罰了。

除此之外更糟的是，最近這些新聞事件將掩蓋英國石油自一九九五年以來的種種成就。在我擔任企業執行長的期間，英國石油的市值增加了四倍。我們的企業原本是人稱「七姊妹」[3]的後段班，現在成長為世界一流企業，員工多達數萬人，從休斯頓、莫斯科到吉隆坡。曾有一段時間，英國退休基金的配息裡，每六英鎊就有一英鎊來自英國石油。所有的這些成就，突然間都成了文末註腳似的。報社編輯會把本日新聞寫成一則充滿權力、性愛與謊言的故事。而就在下一刻鐘，我將要給他們送上照片。

電梯門打開。我可以看見外頭的攝影記者鏡頭瞄準，蓄勢待發。我在樓上的團隊為了我的離去傷心流淚。我對他們深深感謝，但我沒有表現任何情緒，也沒有說任何道別的話。我集中所有心力，只為了熬過接下來的幾分鐘。

有個念頭在我腦中縈繞，是來自我的母親，她是納粹奧斯威辛（Auschwitz）集中營的倖存者，在過世前的十四年都與我生活在一起。她的家人幾乎都死於戰爭，她曾有一段時間活在極度的痛苦與折磨中。但她從未執著於過去。在追求情感表達與坦率直白的今天，我們可能很難了解她如何能放下。她從未讓那段黑暗的時間削減她的人性，她同樣有人權尊嚴，讓她挺直腰桿面對一切的智慧未曾減少分毫。

英國石油的大廳有一條發光的綠線，直直通向門口。我沿著綠線一路迎向敵營。快門的聲音從一聲變成一千響。我在人行道上暫停，微笑。不然我還能做什麼？攝影記者推推擠擠，有些人試圖激怒我，顯然這樣能拍出更有賣點的新聞照片。有人大喊「死玻璃」。英國石油的警衛們開出一條路讓我上車，同時有個急躁的攝影記者被推倒在地。一名警衛低頭看他，帶著點諷刺地說，「真抱歉啊。」

當時英國石油的媒體部主任羅迪．甘迺迪（Roddy Kennedy）陪我乘車回到我在雀兒喜（Chelsea）的家。我的司機彼得過去曾在警界工作，現在他得甩掉拿著相機追逐我們的狗仔機車隊。車外混亂騷動之時，車內的我們一言不發。感覺好像車裡的空氣被抽光了似的。

駛離我一手建立的企業，感覺彷彿我的心死了一般。數十年來，我努力切割、隔離我生命裡的一大部分，就是為了避免這樣的事情發生。我盡可能地躲藏、閃躲、矇騙，能多久是多久。但在那天，幾乎是不可避免地，我的兩個世界對撞崩潰了。最後的結果是我失去了辛苦經營一輩子的工作。

經歷多年的擔心害怕，我不由得想，也許我的恐懼終究是有道理的。至少在那個時刻，我相信自己一直都是對的。

成長

在我的事業起步之初，我不願意公開承認自己的性取向，原因是缺乏自信。並不是石油產業壓迫我，實情並非如此。從受訓菜鳥晉升到執行長的一路上，讓我對自己能力產生了信心，也教導我如何展現自信，幾乎到了傲慢的程度。

但我內心深處隱藏了強烈的不安，我幾乎每天都必須面對心裡的糾結。如果你對展現真實的自我感到難為情，就很難感到自在。這種感受並未隨著我的職位升遷而減少。我職位越高時反而越是害怕，因為我感覺自己一失足，丟失的東西會更多。

我就如同許多的同志男女，這份焦慮感早在投入商界職業生涯前就開始生根發芽：所有的調適、猶豫與自我懷疑，都是很早就開始了。

我的學校是劍橋郡（Cambridgeshire）的一所寄宿學校——伊利國王學院（King's School Ely）。伊利國王學院建立於西元九七〇年，由幾間修道院式的校舍組成，與伊利大教堂的關係很密切，我們經常在伊利大教堂裡做禮拜。這是一所開明派的英國國教學校，課堂很少講到地獄之火或上帝天譴，我記憶裡沒有一堂宗教課提到同性戀這個話題。似乎所有人聯合起來對這個話題保持沉默，彷彿它不存在似的。

大多數人都誤以為（而且這是全然誤解），在全男子寄宿學校裡必定充滿同志羅曼史。在我邁入成年的一九六〇年代，同性戀仍是違法行為。我們對這件事似懂非懂。我從沒見過恐同者霸凌別人，也沒聽過關於學生或老師的閒言閒語。相反的，有過性接觸的學生會安靜無聲地被開除。他們會突然間消失無蹤，沒有人給過任何解釋。我們接收到的訊息很清楚：同性戀是錯的。

無論在校內或校外，同性戀的後果都是一清二楚，但並未因此遏阻性渴望或活動。我的第一次同志經驗在國外。當我是青少年的時候，父親是英國石油的員工。那時他在海外出差，暑假我到他出差的國家享受陽光，以及比英國放鬆得多的氣氛。我與幾個同年齡的朋友曾經發生過接觸。他們的父母也是石油公司員工。我從來沒有罪惡感，但我確實曾擔心我們做過的好事會被人發現。幸虧我不需要與我的朋友訂下什麼約定。我們心照不宣地遵循緘默守則，因為我們同樣都害怕事情曝光。

我的父母是非常有智慧的人。他們周遊列國，歡迎各種訪客來拜訪我們家，無論他們的種族或宗教背景。然而，就像在學校一樣，同志未曾出現在任何對話中。在我們家的腳本裡（我想像在許多人家裡也是雷同），沒有討論性取向的空間，甚至連我有沒有女朋友這種更基本的問題都不存在。我的父親是他那一代典型的英國男人，從不討論自己的感受，他也不期待你聊起自己的感受。他曾經擔任陸軍上尉，為英國從軍參戰。軍旅生涯養成了他的堅毅性格，到退伍後都沒有改變。

我的母親可以有一千個理由迴避這個話題，其中絕大多數是因為她活過了納粹大屠殺。我外公是天主教徒，外婆是猶太人，母親在羅馬尼亞奧拉迪亞市（Oradea）長大，街坊鄰居絕大多數是天主教徒。由於她的家庭與天主教的淵源，她與五個兄弟姊妹原本可以逃過一劫。但有人洩漏了他們的背景，納粹把我的母親和她的家人送上開往奧斯威辛集中營的運貨火車。一抵達目的地，她就被送到集中營裡的軍需品工廠，與其他奴工一起工作。她的親戚裡有幾個被送到稱為比克瑙（Birkenau）的處決營。她這輩子再也沒見過她的父母。

她曾經歷人性最黑暗的一面，所以不輕易信任別人。她的思想裡時時縈繞著一絲懷疑。「別和人說你的祕密」，從我小時候她就這樣告誡我。這是我牢記於心的一堂課。

我們從未討論她在奧斯威辛集中營的見聞和經歷。她把這些記憶深深鎖住，就算我充滿好奇也從不敢問，怕讓她重溫痛苦時光。隨著我長大，對二次大戰的了解增加，我越來越清楚，在她的苦痛之下，必定埋藏著一些有關身上掛著粉紅三角標誌的同志囚犯的回憶。

她有沒有懷疑過我是同志？我不知道。但我很確定這一點：她非常相信任何示弱的徵兆都是不好的。我十分確信，在她眼中，我的同性性傾向是一種缺點，必須隱藏起來才能避免災難性的後果。一場又一場的危機會讓人們成為實用主義者。她是我見過最實際的人。如果我向她坦白我的性傾向，我想她會說，「我不在乎你是同志或異性戀。你以後無論如何都要結婚、要生兒育女。這件事自己知道就好：這事對誰都沒好處。」我想，不管我幾歲，她都會說一樣的話。

在我將近二十歲時，我謹記著母親的警告，對別人深具戒心。我像所有的年輕男性一樣，隨著性幻想與慾望的覺醒，我漸漸對此著迷。無論慾望在何時升起，我都在心裡告訴自己：「什麼都不要做，什麼都不要說。」我已經開始學著將我的生命切割成一塊一塊。我在其中一塊裡塞滿了符合社會期待的各種故事與形象。在另外一塊裡，則堆滿了不可告人的祕密感受與想法。

我後來到劍橋大學主修物理學，我內在生活與外在生活之間的圍籬，在這段期間更加鞏固了。我不擔心人們懷疑我是同志，因為他們不認為有學生會交女朋友。女學生只占學校很小一部分，而且男性與女性幾乎完全分離。我們住在不同的校區，在不同的餐廳吃飯。

我參加了瑪格麗特夫人划船俱樂部（Lady Margaret Boat Club），擔任其中一支男子划船隊的舵手。反同的惡作劇並不常見，如果提到什麼同志的難聽話，最嚴重的大概是「娘砲」（poofter）和「掀衣變態」（shirt lifter）。我有時會情不自禁喜歡上別人，或在更衣室與其他划船手交換眼神，但我從來不敢更進一步。我當時唯一的同志經驗是讀詹姆斯・鮑德溫（James Arthur Baldwin）的小說《喬凡尼的房間》（*Giovanni's Room*），這書講的是一個年輕美國男子與義大利酒保之間發生的感情。任何與同志生活有關的一點點聯繫，對我來說都像是平凡日子裡灑下了稀罕的金粉一般。

職業生涯

一九六九年，我接受了英國石油給我的一份工作。我想到美國去，英國石油於是決定送我到阿拉斯加。這與我原本的預期不符。但我接受了這份差事，在安克拉治市（Anchorage）以北六百五十英哩、極圈以上的凍原之中開始我的職業生涯。我在一個鑽探油井團隊擔任石油工程師，從中學習一技之長。我是基層中的基層。這是英國石油挫你銳氣的辦法，讓你不致太過自傲。時間推移，隨著我在紐約、舊金山、倫敦、卡爾加里（Calgary）各地升遷調職，我的責任也同時增加。

隨著我的事業進展，我的工時也越來越長，我把對自己身分的挫折感全都導向工作。對我來說，出櫃不會有任何好處。我的事業蒸蒸日上，我的私人生活與公眾生活之間的界線非常清楚。在辦公室裡，我沒特別對什麼人感興趣。在辦公室外，我過著祕密的生活，我會到酒吧認識同志，有時會發生性關係。這兩個世界從來沒有交集。對此，我感到很滿意。經過大量練習，我對危險的敏感度越發敏銳了。

一九八一年，我在英國石油已經服務十二年了。我當時三十三歲，搬到以花崗岩建築和珍貴稀有之美麗夏日聞名的蘇格蘭城市亞伯丁（Aberdeen）。我被任命管理北海最大的油田、英國石油最重要的生產資產之一——福特斯油田（Forties）。我一個月會有兩個週末，是在我們龐大的海上鑽油平台上度過。員工們戲稱我們這十二個鑽油平台經理是「樞機團」，而我則是「教宗」。

在一個由我值班的週末夜，我到全鎮唯一的同志夜店去。我曾去過其他同志場所，但這是我在亞伯丁的第一次。我膽戰心驚，但我計算過，遇見英國石油的任何人的機會幾近於零。我認識了一個人，後來我們一起回家。我們沒提太多有關自己的個人資料，但他顯然是個學識甚高的專業人士。我大概告訴了他我的名字。如果你叫「約翰．布朗」這種大眾名，意思和「某甲」也差不多了。

兩天後，我在辦公室遠遠看見他由走道朝我走來。一瞬間，我感覺自己體溫驟升，我掃視四周，確定不管我做什麼反應都沒有人會看到。此時我管理著數百名員工。不知有多少人會開玩笑說，想不到連教宗也會犯罪？

在那短短的瞬間，我內心的危機如排山倒海，但最後竟然平靜無事地度過。結果我發現，那天認識的男人在英國石油的另一個部門工作。顯然他和我的處境一模一樣。後來我們幾次偶然認出對方，都表現得像毫無干係的陌生人一樣。天真的我，還以為全世界只有我一個人在努力隱藏祕密。

我從沒想過經營長期關係。現實層面的障礙太過艱鉅。企業晉升的階梯本身已經夠滑不溜手了，何必在你的升遷台階上抹油？我那時不知道，我在紐約的老闆、已過世的法蘭克．瑞伍德（Frank Rickwood）是同志。法蘭克也許不是英國石油唯一的同志。莫里斯．布里奇曼（Maurice Bridgeman）自一九六〇年到一九六九年間擔任英國石油總裁，事實上，據說他曾在一九七〇年代早期形容行銷部門「充滿了疲憊的扮裝皇后」。我的好友吉妮・薩瓦吉（Gini Savage）說，在我加入英國石油之前，人稱行銷部門為「英國娘娘」，日本、義大利、葡萄牙、西班牙的行銷經理甚至還組成了某種同志幫派。這種模式大概無法套用在與我共事的粗曠鑽探工人身上。一九八一年，愛滋病流行助長了全世界的恐同心理，我又多了一個理由來壓抑同性關係的想法。[4]

我的家庭狀況讓情況更加複雜。我父親長年罹患糖尿病，因為壞疽接受多次截肢，最終在一九八〇年過世。我的母親頓失支柱，不知自己獨個生活該怎麼辦。一九八〇年代早期，她經常來與我同住。當我在一九八六年調職到克里夫蘭（Cleveland），她決定搬來和我永久住在一起。我現在回想才發現，我那時不只希望照顧我的母親，我也需要她來看顧我，保護我不受內心的慾望傷害。

我在英國石油一路上平步青雲，因此加強了我的雙軌人生。我晉升到俄亥俄標準石油公司（Standard Oil Company）財務長的位置。我深以我的工作為樂，我的母親很喜歡與我在美國各地旅行。然而，我顯然內心寂寞。我告訴自己，我可以同時做好工作、照顧母親，還可以偶而享受邂逅新人的刺激——雖然過的是一種非常複雜的生活。有時，是到紐約出差時抽空上酒吧。有時，在沒有網際網路的時代，是打分類廣告電話，試著約見面。隨著我參與這個啞謎遊戲的時間越久，我玩得越是得心應手。有時我覺得這種雙重生活非常刺激，我覺得這種生活多少增強了我察覺危險的技能，彷彿我是個受訓中的諜報員。我告訴自己，這才是正確的生活之道。

在成為執行長後，我認為個人作風低調對公司的利益是很重要的。我越來越低調，越來越不願意尋求伴侶。在那時，我們正努力將英國石油改造成全球大企業。我經常與來自民風保守國家的商界與政界領袖打交道。我擔心要是透漏我私生活的一分一毫，會損害商業關係，特別是與中東地區的關係。在一些中東國家，同性戀仍是可判處死刑的罪行。我相信，將我的專業世界與個人世界分開，對兩邊都有好處。

我現在十分確定，有些人知道（或強烈懷疑）我是同志。一個成年男子帶著媽媽參加公司的活動，必然會引起陣陣竊笑。但我實在太忙了，不曾耳聞咖啡間裡或飲水機邊的閒言閒語。

幸虧人人都喜歡我的母親。她泰然自若地扮演女主人的角色，成為英國石油活動與晚宴傳統的一部分。她成了公司薪水冊裡一名不支薪的員工。有時她沒出席活動，人們還會問，「寶拉人呢？」她在晚宴活動中帶給人無限妙趣，不光是因為她的背景，也因為她的個人魅力。她為人活潑、聰慧、時髦。女性們欣賞她的珠寶與服裝品味，隨著時間，她舉手投足間益發優雅。不誇張地說，在專業領域裡，她是非常重大的資產。在個人層面上，她也成了我的替代伴侶。

母親參加了在阿斯特（Astors）家族故居克里維登莊園（Cliveden House）舉辦的豪華千禧年慶祝派對，兩個月後她開始生病。她在二〇〇〇年七月九日過世，當時我陪在她身邊。我們雇了一位全天候的居家護士。她給我母親少量的嗎啡，讓她不受疼痛糾纏。某個週日，我們拿報紙給她，她坐著讀報時說了一句：「我看不到報紙了。」接著就與世長辭。

在接下來的幾個月裡，我活在絕望的寂寞中。如果我是異性戀，到這個階段我應該已經結婚、養兒育女，我會和家人一起悼念母親。但是我沒有一起悼念的家人，寂寞吸乾了我的所有能量與力氣。

我不記得確切的日期，但在我母親過世後大約一年多，我開始認真找伴。我在這方面一點經驗也沒有。現在的年輕人對於上網一點也不畏縮。但當時的網路和今天的網路大不相同，而且對我這個世代的人來說，交往經驗包裹著一層羞愧感，整件事變得更令人舉足不前。可預見地，尋找伴侶的過程最終給我帶來災難一場。

跌倒

二〇〇七年五月一日那天晚上，我睡的非常沉。好幾個月以來，在個人生活與專業生活的混亂讓我身心俱疲。連續幾週我以菸代飯，體重掉到五十八公斤；雖然我個子不高，但這樣的體重對一個將近六十歲的男人來說還是太輕了。同時我也耗盡了精神力量。當腳下的立足點正在迅速流失時，光是要讓自己正常度日，都需要消耗大量心力。

五月三日，我辭職後兩天，我要到布魯塞爾的阿瑪蒂亞・森（Amartya Sen）系列講座針對永續發展發表演講。我在幾個月前收到邀請，這是個莫大的榮幸。然而我擔心大量的媒體報導會分散注意力焦點，讓大眾忘記這系列講座與它的目的。

我的朋友和同事叫我避免讀任何新聞報紙。但顯然受邀前來的外交官與學者不可能逃過可憎的新聞標題：「傲慢、謊言、同性戀醜聞　壓垮英國石油總裁」、「大謊言：石油總裁一千五百萬英鎊封口費失效」、「布朗勳爵：失去光芒的太陽王」。有些聽眾可能已經讀過《每日郵報》等小報上的尖銳評論。「他就差那麼一點，就能成為大眾懷念、尊敬的偉大人物，」小報寫道。「他是多麼嚮往成為一代偉人。但是昨天，事實揭曉，從頭到腳無懈可擊的英國石油執行長、瑪丁利鎮

（Madingley）的布朗勳爵，最終是個傲慢的騙子。」[5]英國《衛報》（*Guardian*）的評論寫道：「這個人在眾人眼中是產業革新者，竟然最後會以如此傳統的方式下台，真是巧合。本市一個支持他的基金管理人說，他昨晚被掃地出門的消息『令人氣憤』，然而這個專業生涯與風險為伍的人，最終還是一樣敗在風險手下。」[6]

我表示我可能不會出席，但講座組織者堅持，最近的事件與他們不相關，所以我還是來到了比利時。我的演講非常樂觀正面，我認為如果我們努力從現在的生活方式轉移進入低碳時代，成功機率是非常高的。我承認，轉變的速度是關鍵，我的結論指出，科學家已經開始觀察到種種嚴重危機，但只要我們的行動夠迅速，還是有一線生機。總而言之，我認為，若沒有眾人共同承擔的危機，就沒有眾人共有的使命感。

演講後觀眾起立鼓掌，看到這一幕讓我為之一振，提醒了我，即使失去了執行長的頭銜，我仍有自己的舞台。然而，偶然的敵意刺穿了掌聲。「布朗勳爵，你準備好坐牢了嗎？」一名《每日郵報》的英國記者問道，「你說了謊。現在你必須回答。這件事關係到公眾利益。」觀眾對他報以噓聲，他很快回到自己的座位。但從起立鼓掌到尖銳提問之間，我實在搞不清楚每一個觀眾心中各自在想些什麼。

我不會自欺欺人：確實有人無法忍受我，無論是因為我的性傾向或其他缺點與瑕疵。我確信，不少人看著我在眾目睽睽之下失足，很樂在其中。我只能選擇忽略他們。在布魯塞爾發生的這件事削弱了我的信心，雖然我了解這個記者只是在盡一己之責而已。對他來說，我不是一個人，我是一則新聞報導。在上市公司擔任領導者的經驗，教導我如何辨別其中的不同。那天的經驗給我上了一課，公開發言帶有極大的力量，特別是在人們最沒有心理準備的情況下。

奧斯卡・王爾德（Oscar Wilde）曾說過，每個聖人都有過去，而每個罪人都有未來。在我辭職後的幾天、幾個星期內，我開始理解這段話。我的好幾個朋友聯名在英國媒體刊登了一封支持我的公開信。英國石油堅持，只要我需要這份工作，辦公室就還是我的。這個決定幫了個大忙，因為全世界各地湧來成千上萬封信。絕大多數的信都是正面的，每封信都在不同程度上給我加油打氣。它們來自我的朋友、前同事、商界人士、政治人物、藝術家、工程師。他們給我幫助、提供建議。他們讓我想起我們一同共度的時光，或一起成就的事情。一名廣播記者甚至寫信警告我，他的辦公室會邀請我做訪談。他加了一句自己的請求：「請務必拒絕受訪。」

我的辭職彷彿開啟了一條通道，讓最緘默、最重視隱私的人開始表達他們的想法、同情與憤怒。連續好幾天下來，我整天只忙著閱讀和回覆他們的信件：寄電子郵件來的，我寫電子郵件回覆；寄手寫信件來的，我手寫信件回覆。我的助理不得不再多請一個助理，才能幫忙整理堆積如山的通信。有一次，辦公室裡有個職員不識時務地打趣說，這整個經驗就好像在讀你自己的訃聞一樣。她說的也有道理。人們確實寫出了這麼多美好的東西。

這些郵件裡，至少有三分之一來自陌生人，很多人分享了他們因為男同志或女同志的性別認同而發生的個人悲劇。有些人被報紙揭露而被迫出櫃，其他人則被起訴、被關；還有人不得不離婚、遠渡重洋或賣掉自家住宅。無論他們來自俄羅斯或西班牙、法國或美國，每個人都講述了一段不平凡的苦難故事。

這些男男女女彷彿在八卦小報的法院受審，他們被判有罪。但他們唯一「有罪」的理由是身為同志，報紙抓準他們的弱點攻擊，把他們推向惡劣的處境。有些人撐過了風頭，繼續大好事業。其他人則徹底崩潰了。

他們誠實的自白讓我深受鼓舞。一方面，人們掛念著我，讓我感到很安慰。另一方面，知道我不是全世界唯一被迫出櫃的人，增強了我的信心。我感覺自己不再是異類。我的處境雖然被公諸於世，令我痛苦異常；但其實並不是罕見個案。

再起

在離開英國石油的時候，我戴上了一副勇敢的面具，但其實請辭這件事狠狠地傷透了我的心。這股心痛要好幾個月才能平息。在一般情況下，我不會選擇這麼突然地離開一家公司。但這是個正確的選擇。我無論如何都不想因為戀棧職位或只因為在辦公室裡多加逗留，而傷害英國石油的名聲。我只花了幾天時間在我的舊辦公室裡打包，離開時沒有一句告別。

我知道自己必須開創新的人生。第一步，我決定辭去好幾個職位。我被迫出櫃的事件，為我擔任顧問的公司與團體帶來不好的形象，所以我幫他們省下將我掃地出門的麻煩。我是高盛集團的董事會成員，我寫信向他們辭職；他們毫無異議地接受了我的請辭。當時沃爾瑪超市的執行長李．史考特（Lee Scott）撥電話給我，他在電話那頭語帶傷感，但希望能收回先前請我加入董事會的非正式邀請。他說因為阿肯色州活躍的宗教右派勢力，現在這個情況已經讓他們站不住腳了。我去見了倫敦私人股權投資公司安佰深集團（APAX Partners）的總裁，告知我希望辭退主席一職。我向英國皇家工程學院（Royal Academy of Engineering）辭退校長的職務。他們拒不接受。

我原本暗暗擔心，在離開英國石油以後，我的人生會就此終結；但這個擔憂似乎有些多慮了。對我來說，五月一日前後發生的諸多事件傷我至深，但對外界來說，它們不過就是晚間新聞的標題而已。我就像眾多醜聞的主角一樣，不過兩週，就被人們遠遠拋在腦後。攝影記者終於不再圍堵我的家門、尾隨我到餐廳。五月底，我到西班牙拜訪幾個好友，住在他們的農莊。我們四處散步、欣賞野花，在這幾天的相處中，他們盡可能地提醒我他們最愛的格言：「隨狗怎麼吠，車馬照樣走。」

在我這年紀，結交的夥伴會是可以傾吐的對象。也許修道士可以透過禱告與獨處解決問題，但我需要外界的幫助才能重新自我整理，我靠的是朋友和旁人。

我的一位朋友引用了據說是赫胥黎（Aldous Huxley）曾經說過的話：「越是上流社會，褲腰下露得越多。」讓我舒坦不少。他們耐心地開導我，讓我了解、享受我的新生活：出櫃以及被出櫃。生活事件一件件發生，生活脈絡一點點改變，但我還是同一個人，只是變得更有智慧。我經歷了巨大的動盪、我撐了過來，並且學到很多，關於人們、關於我的朋友以及關於我自己。我已經擺脫了羞愧。

他們鼓勵我做自己擅長的事情。這是貢獻社會的方式。我在英國石油的日子已經證明了自己的能力。該是再次著手工作的時候了。

我無意在另一家富時一百（FTSE 100）企業擔任總裁或執行長。回到上市公司，也意味著回到聚光燈下。我同時也很實際。獵人頭公司可能會把我視為「爭議性人物」，被逼入窘境、欺騙、請辭英國石油的職位、出櫃，同時發生這麼多事情後，我已經變成燙手山芋。私人企業會是未來的方向。我加入專精能源產業的私人股權投資公司瑞通集團（Riverstone），成為合夥人。我辭職引起的一系列戲劇化事件，似乎並不影響我的美國合夥人們。他們只想確定我是不是仍陷於任何相關官司中；我沒有。

可惜總有人（特別是商界人士）從沒再對我釋出任何善意。也許他們覺得我的手上已經沒有生意可做或權力可使。然而，在絕大多數的人眼裡，我出櫃並不是什麼了不起的事。由於事件非常戲劇化，他們關心的是我的健康狀況。有些人懷疑我是同志很久了，所以新聞並不構成什麼衝擊。對他們來說，我還是老樣子，發生這些事件不過是在我身上新增一層面向罷了。

視力略有缺陷的人通常毫不自覺。直到他們接受視力檢查，戴上一副新眼鏡時，才會發現自己漏看了多少東西。我花了不少時間才開始感覺生活由暗轉明。但隨著時間過去，我才漸漸感覺自己彷彿從一副巨大的枷鎖裡解脫。我越來越不隱藏，越來越開放。當活得坦蕩蕩時，生活變得簡單很多。我不時在想，我的母親對這一切會作何感想。我很確定她應該會說，災難不應該是結束，而是開始。我想她應該會比較喜歡放鬆做自己的我。

在我辭職後的一個月內，我收到了數千封信件，只有一封寄到我自家的地址。我很感興趣。這封信的寄件人是個叫阿儀（Nghi，音譯）的二十三歲男子。他在西貢出生，母親是越南人、父親是中國人，在德國長大。他在紐西蘭旅行的期間一直在關注我辭職下台的新聞，後來他加入一家投資銀行開始新工作；正是我幾個星期前辭退董事職位的那家投資銀行。他原本不打算在新工作起步的同時開始一段新關係，但有個他素未謀面的男人卻奇妙地出現在紐西蘭最北端島嶼灣（Bay of Islands）的當地新聞頭條，讓他十分好奇。我們在二〇〇七年六月一日（我從英國石油辭職後一個月）約了見面喝杯小酒。從那時起，我們開始交往至今。

在我們第一次會面的當晚，我抽了一根雪茄以幫助自己放鬆。那是我抽過的最後一根菸。二十七年來，我每天抽三到四根雪茄。突然間，我不再有繼續吸菸的慾望。斷然戒菸並不是件簡單的事。之後沒多久，我開始固定參加私人教練的健身課程。六個月後，我感覺自己彷彿活在一副全新的年輕身體裡似的。出櫃帶給我許多令人意外的結果，大大改善的身體健康是其中之一。如果沒有出櫃就不可能發生。

回顧

從英國石油辭職後的某一天，我回顧自己的圖書收藏，發現了一本卡瓦菲（Constantine P. Cavafy）的詩集。卡瓦菲可說是上個世紀最有影響力的希臘詩人，他在〈斷肩〉（The Broken Shoulder）、〈某一夜〉（One Night）等諸多詩作裡處理自己的同性性傾向。他的詩作既抒情又易讀，帶著痛苦與焦慮，暗示著同志男子在異性戀世界的心理疏離。當我二十多歲在紐約，事業剛剛起步的時候，我經常閱讀這些詩作。我特別記得一首十四行詩——〈隱藏的事物〉（Hidden Things），卡瓦菲描寫一道屏障把自己和周遭所有人分隔開來。我向來把這道屏障想像成一層層的玻璃罩，從四面八方包圍著他。

多年後當我再翻開他的詩集，我在封面裡頁發現自己親手寫下那首詩的翻譯，日期是一九七三年八月二十五日。那時我二十五歲。

隱藏的事物[7]

我做過的所有事情，說過的所有話
都不可讓人試圖從中發現我是誰。
有個障礙，時時切換著
我生活裡的一舉一動。
有個障礙，時時等待著
我一開口就切斷我的聲音。
從我最無人察覺的舉止
和我最隱晦的文字——

只有從這些細節才能了解我
但要發現我究竟是誰
也許並不值得這麼多心思和這麼多努力。
以後，在一個更完美的社會，
和我一樣的人
必定會現身並活得更自由

還有很多工作得去完成。從我第一次讀這首詩至今已四十年，但如今看來，與其說這首詩是一位年輕男子的願望，還不如說是對未來的預示。

CHAPTER

2

美麗與偏執

當希臘羅馬文物的藏品研究者拿出一件描繪兩對男性愛侶的銀器時，我只想找個地洞一頭鑽進去。

我在一九九五年到二〇〇五年間，擔任大英博物館董事一職。和我一起擔任董事的包括各界賢達，來自各行各業，我們之間的共通點是對藝術與古物的熱情。許多董事會成員，都能對館內的不同收藏品提出權威的評析，或說明這些文物在人類文明裡的歷史價值。幾乎每個月，董事會都會選一個星期六的早晨，召集所有董事一同審查博物館的經營策略、服務績效及募款狀況。我們同時也決定應該購入哪件文物成為博物館的永久館藏。為了幫助董事們做決定，每個藏品研究者（其他機構一般稱為策展人）都會選幾樣自己最愛的文物，在董事會前的「市集」上展示。

一九九九年的一個早晨，策展者們的目光焦點特別放在一個稱為沃倫杯（Warren Cup）的物件上，它是一個華麗的銀質高腳小杯。據稱這個杯子的製造時間大約在兩千年前，它在耶路撒冷附近被挖掘出土。[1]此時期入侵當地的土匪或軍隊經常會重新熔煉銀器，但這個代表羅馬時代精巧手藝的典範卻幸運存活下來。杯子的一側，描繪了兩對男性愛侶的性愛場景，圖案背景裡有把閒置的七弦琴，暗示曾有樂手幫忙助興，製造羅曼蒂克的氛圍；旁邊還可看到有個奴隸正透過半掩的門偷看。

董事們爭論著這個杯子的來源和真實性，還特別讚賞其浮雕手藝（在銀器上由內向外敲出花紋）的精巧。藏品研究者表示，這個銀杯可能是有錢人家私人聚會裡的目光焦點，在羅馬人眼中它可能是個精巧美麗的藝品，而不是情趣用品。這銀器確實是個誘人的傑作，同時又蘊含了非凡的歷史。但是圖案所呈現的同性戀意象，卻讓我無法親口說出對這個物品的支持。我覺得，稱讚這個物品，根本就等於直接出櫃了。雖然這件小杯只有區區十一公分高，它卻為我蒙上了長長的陰影。

董事會最終同意以一百八十萬英鎊購買這個銀杯，這次收藏計劃成為當時大英博物館史上金額最高的一筆交易。[2]不談我自己內心的不安，這次收購顯示了人們對同性戀的態度在過去數十年內已有巨大的轉變。一九五〇年代，同性戀在英國仍是違法行為，當時大英博物館其實曾經婉拒購買沃倫杯的機會。同樣地，劍橋大學費茲威廉博物館（Fitzwilliam Museum）也曾拒絕收藏。一九五三年，美國海關人員因為它露骨的圖像，拒絕讓沃倫杯入境。[3]

約莫五十年後，英國人已經擺脫了過去的保守心態，至少表現在大英博物館藝廊的思想開放上。沃倫杯被納入館藏後就一直對外展示，曾有一段時間，甚至可以在博物館的紀念品店以兩百五十英磅買到它的複製品。

「這件收藏品不光是一件代表羅馬時期金屬工藝的佳作，」大英博物館總監尼爾・麥奎格（Neil MacGregor）寫道，「它從聚會飲酒杯變成蒙羞文物，最後成為博物館的經典收藏；這物品提醒我們，社會對於性的看法絕非一陳不變。」[4]

大英博物館曾在二〇〇八年推出有關羅馬皇帝哈德良（Hadrian）及該時代的特展，這場展覽再次證明了這個觀點。大多數的英國人知道這位羅馬君主修築了分隔英格蘭和蘇格蘭的圍牆，但只有少數人知道哈德良的性取向。他有個多年的同性愛人，名為安提諾烏斯（Antinous）。安提諾烏斯的死因相當離奇，他溺斃在尼羅河裡。有人說，這是因為他成了哈德良的累贅。安提諾烏斯死後，人們樹立雕塑景仰他、興建廟宇紀念他、城市以他命名，如神一般的敬重他。大英博物館的這個特展提醒我們，在羅馬時代，同性之愛並未被視為不正常。

一九七六年，我在紐約的四年任期即將結束，一位觀察入微的法國女性朋友給我一本瑪格麗特．尤瑟納爾（Marguerite Yourcenar）寫於一九五一年的《哈德良回憶錄》（*Mémoires d'Hadrien*）。書中虛構了一系列哈德良在死前寫的信件，在信中，當哈德良提到他失蹤多年的愛人時，充滿了激情；這份激情來自「最堅實、最濃密的熱情，猶如點點金礫，淬取自烈火而非灰燼。」[5]他聲稱，他在位期間的長期和平，是來自於他和年輕情夫之間的關係。這本書充滿了美麗與溫柔，但我閱讀時心裡帶著一份罪惡感。我的朋友發現了我心底深處、我還沒準備好分享的某樣東西。

三十二年後，在我六十歲生日那天，另一位朋友送了我這本尤瑟納爾著作的首版。那時我已經出櫃九個月。我對這本書的態度，反映了我對自己逐漸轉變的心態。如今我讀這本書時，已不再有任何羞恥之感。我接受了這本書的原意，也見到了哈德良與安提諾烏斯兩人愛情的原貌——一份禮物。

美麗

近代的奧斯卡．王爾德，曾將同性之愛描寫為「不敢說出名字的愛」。時光回溯一千年，古代文明卻崇拜那些與同性之神和人發生關係的神祇。從印度到羅馬，這些神祇幾乎不考慮愛人的性別。他們盡情享受同性之間的調情，他們的信徒也往往如此。在不同的時空與不同的文化之下，社會對兩男與兩女之間的性事予以包容，甚至頌讚。

希臘人相信，性慾望可以衝昏神祇，一如它衝昏人類。澳大利亞歷史學家羅伯特・奧爾德里奇（Robert Aldrich）說：「在這方面，希臘神話發揮了鏡子般的功能，希臘男子可從中反映他們的性慾望，從神話中辨識出自己。」[6]

這面鏡子讓他們見到性關係的眾多樣貌。太陽神阿波羅與許多女神生兒育女，但他的男性愛人也可以列成一張長長的清單，其中包括擅長運動的斯巴達王子海辛瑟斯（Hyacinth）。有一天，阿波羅正在擲鐵餅，西風之神澤費羅斯（Zephyrus）因為嫉妒他和海辛瑟斯的愛情，將鐵餅吹離方向，殺死了海辛瑟斯。他的鮮血流下之處誕生了風信子，這種美麗的花朵便以海辛瑟斯命名。[7]蒲魯塔克（Plutarch；編按：羅馬傳記文學家）寫道，海克力斯（Heracles）既是最強壯的凡人、也是男子氣概的代表，他的男性愛人數量眾多，多到無法列出所有人的名字。[8]海洋之神波賽頓（Poseidon）則強暴過男神坦塔勒斯（Tantalus）。[9]

連眾神之王宙斯都無法抵抗特洛伊最俊美男子加尼米德（Ganymede）的美貌。在一則故事中，宙斯化身為一隻老鷹，綁架了加尼米德，強迫這名年輕人當他的斟酒者。加尼米德晚上與宙斯同床共寢，白天再用美酒迷醉他。索福克里斯（Sophocles；編按：希臘著名悲劇作家）寫道，這名凡人已嫻熟於「用雙腿點燃宙斯神力」的藝術了。[10]

責怪

關於愛情與獻身的故事終究走向排擠與殘酷。人們解讀《利未記》（*Leviticus*）[11]的方式，給同志們帶來前所未有的壓抑與迫害，一切都以對神虔誠奉獻為名。人們認為，如果對同性性行為抱著寬容態度，會帶來災難性的後果；索多瑪遭到毀滅，是因為同性性行為的氾濫。然而，這只是開端：後來的政治領導者和宗教人物，將其他災難事件歸因給同性戀行為。西元五三八年，羅馬的基督徒皇帝查士丁尼一世（Justinian I）公布了一條法令，要求處決那些從事同性性行為的人，因為他們的性活動導致了「飢荒、地震和瘟疫」。[12]當黑死病消滅了歐洲至少三分之一的人口，猶太人在各處都被視為散播疾病的罪魁禍首；除非是沒有猶太人居住的鄰里。在這些地方，同志和娼妓吸納了大眾的怒火。[13]

在歐洲各地，黑死病促成了一股恐同的風潮；[14]這股風潮在愛滋病爆發時又死灰復燃。對黑死病的恐同反應在義大利城市特別明顯，本地人嘲弄非義大利人，說他們是全世界同性戀人口最高的族群。[15]威尼斯和佛羅倫斯設立了政府部門，專職清除進行同性戀行為者，因為擔心他們吸收年輕男子加入其行列。[16]政府鼓勵民眾通報同性戀者，落入政府官員手裡的同性戀者，會被刑求折磨，直到招供。「定罪的雞姦者會被銬上頸銬遊街示眾，被正直的市民辱罵、毆打。」歷史學家伯恩・方恩（Byrne Fone）寫道，「如果在這痛苦的經歷後他還活著，他最終會被綁在火刑柱上燒死。」[17]在其他時候，對待嫌疑犯的第一步是予以公開閹割。

在當時，歐洲各地紛紛把同性戀行為視為犯罪，往往可論及死刑。時至十七世紀，法國、西班牙、英國、普魯士、丹麥都訂立了懲罰同性戀關係的法律。在荷蘭，光是在一七三〇年這一年，就有七十五人據稱是同性戀者被處決；在接下來的八十年中，更有近千起案件送進法院。[18]

但從十七世紀末期起，男同志的自由開始擴張；特別是在法國，強調隱私權與世俗化的思維推動著啟蒙運動的思想家，他們並不以宗教詞彙來描述男男性行為。[19]他們認為，男男性行為不算是犯罪，因為只要當事人雙方同意，同性戀並沒有侵害任何人的權利。法國制憲議會同意了。一七九一年起，同性戀不再是犯罪。[20]十九世紀，一個明顯的同志次文化開始成形。都市化讓同志在巴黎、阿姆斯特丹、倫敦等城市聚集。[21]男子們在公園、廣場、公共廁所、火車站、購物廣場探索各自的性慾望。[22]

一八五五年在倫敦出版的《鄉巴佬指南》（*Yokel's Preceptor*），以下列文字警告遊客小心放蕩的同志：「在大都會區，這些披著男子外皮的野獸（近年來人們常稱他們為浪蕩子、搞玻璃等等）越來越多，為了大眾安全著想，必須要讓大家認識他們⋯⋯這些野獸走在大街上，就像妓女一般，等著勾搭的機會！」[23]

一八六一年，英格蘭和威爾斯廢除了雞姦者的死刑罪，但雞姦仍可判處十年徒刑甚至終身監禁。隨著大英帝國的擴張，領導者認為有必要「教化」英國殖民地，更正「土著」的風俗，其中也包括同性戀行為。[24]一八六〇年，印度行政官針對同性性行為，或具體來說，針對「違反自然規則的肉體性交」草擬了一條罰則。他們後來在斐濟、尚比亞等英國殖民地建立了相同法律的各種版本。[25]英國在一九六七年將男男性行為除罪化，但絕大多數的前英國殖民地與保護國並未追隨它的腳步。到二〇一三年末為止，仍有四十四個前英國殖民地保有反同志法律。[26]

偏執

我的母親經常告訴我，她可以把她的一生分成三個截然不同的時期：二次大戰前；她與我的父親在戰後相遇，在一起的時間；還有在我的父親過世後，與我在一起的時間。其中有一段間隙。她抹除了她在奧斯威辛集中營的幾年。她強韌的心靈與鋼鐵般的意志，幫助她撐過了人間煉獄。當她重獲自由，她也以同樣的意志力將記憶埋葬在過去。

有兩段記憶幫助我了解，為什麼她用這種態度對待自己的過去。在她過世前，我們參觀了華盛頓特區的美國納粹大屠殺紀念博物館。每年有超過一百萬人參觀這間博物館。[27]但當我們走過複製重建的煤氣室、閱讀集中營亡者們的故事時，我們之間飄散著一種詭異的靜謐。展場陳列的展品，包括當時人們被送上前往集中營的火車前打包的各種日用品，例如燒菜鍋與行李箱。在一個展示各種鞋子的展區，我的母親想停下細看。她告訴我，她姐姐的五歲女兒（我的表姊）也被送進了煤氣室。你或許以為我會安慰我的母親。然而，當我們離開博物館時，她得反過來安慰我。

一九八〇年代，我們到奧斯威辛旅行；我在二〇一三年六月又再造訪了一次。兩次旅行都讓我想起大屠殺的規模之大、組織之嚴密。無庸置疑，猶太人是納粹的頭號目標。但展示箱呈現了納粹殘酷而有效率的分類制度，少數族群遭到長期的迫害。黃色星星代表猶太囚犯。黑色三角代表羅馬後裔。紫色三角是給耶和華見證人教徒。粉紅色三角則專屬於同性戀者。

在德意志第三帝國期間，政府當局逮捕了大約十萬名同性戀嫌疑者，其中一半遭到監禁。[28]從一九三四年到一九四一年，當局閹割了超過兩千名性犯罪者，包括強暴犯、戀童者，還有大量的同性戀者。[29]醫師在進行閹割手術時毫不猶豫。歷史學家傑佛瑞．蓋爾斯（Geoffrey Giles）寫道，柏林一間監獄的醫院在一九三四年的前九個月內，就完成了一百一十一件閹割手術：「監獄醫師很自豪地報告，他的手藝已爐火純青，只要用一次局部麻醉、不到八分鐘就可以完成全套手術。他宣告『毫無疑問，這是保護社群最便宜的方法』。」[30]另外，納粹把多達一萬五千名男同志送進集中營。[31]集中營警衛經常給同志囚犯比較繁重的工作，這或許可以解釋為什麼同志囚犯的死亡率較高、從集中營被放出來後的存活率也較低。[32]他們所受的待遇非常嚴苛，因此據估計只有不到四〇%的同性戀者存活。[33]女同志的遭遇則和過去的歷史相同，人們並不認為她們對社會或政治構成威脅。

戰後，在猶太社群的團結努力下，讓全世界都記得戰時發生的慘劇。納粹大屠殺對猶太族群造成的傷痕，遠比社會其他族群來的深；我的家族裡有很多人都被殺了。但男同志無法要求人們紀念他們。歧視同性戀的法律直到一九六九年才廢除，有些經歷集中營、僥倖存活的男子在戰後又再次被逮捕。[34]同志與其他倖存者不同，他們在戰後沒有得到任何賠償；[35]在德國，給同志受害者的賠償要到二〇〇一年才開始發放；[36]這時，大多數的受害者都已經過世了。在集中營喪生或存活的男同志們不是被遺忘的受害者；他們是被忽略了。

希特勒政權並不是二十世紀唯一試圖消滅同性戀的一群人。丹麥、西德、挪威、瑞典、美國的醫師，對同志患者進行了成千上萬次額葉切除手術。[37]最近公開的軍方檔案顯示，在二次大戰期間與戰後，美國政府認定有心理疾病的退伍軍人（包括精神分裂症、精神病、同性戀），強迫他們接受額葉切除手術。[38]電擊治療也成為「治療」同性戀者的流行療法。一九三五年，在美國心理學會一場會議中，有一位紐約大學的教授告訴與會醫師們，電擊的強度必須要「比平時人類受試者接受的強度明顯更高」，電擊療法才會奏效。[39]一九五二年，美國精神醫學會發表了一份手冊，首次將同性性傾向列為一種「反社會人格異常」。[40]

學界將同性性傾向定義為精神疾病，進一步加強了男女同志的刻板印象，也間接讓反同志的偏見有了正當理由。一九五〇年美國國會發表一份報告，標題為《政府雇用同性戀與其他性變態職員問題》（*Employment of Homosexuals and Other Sex Perverts in Government*）。這份報告詳述為什麼美國政府不應該聘僱同志員工。「一般相信，那些明目張膽進行性變態行為的人，缺乏正常人的情緒穩定性，」報告說。「除此之外，有大量證據證明，沉迷於性變態活動會削弱道德感，造成當事人不適合擔負責任重大的職位。」[41]這份報告為所謂的「薰衣草恐慌」（Lavender Scare）開了第一槍。政府當局相信，共產主義的間諜會以曝光作為威脅，而從同志員工那邊獲得機密資訊。一九五三年，艾森豪總統的第一〇四五〇號行政命令明載，「性變態」是解僱聯邦政府員工的合理理由。[42]

被解雇的員工也難以在酒吧獲得安慰。警察經常突襲掃蕩同志聚會場所，並且以公然猥褻為罪名逮捕顧客。在一九五〇年代的加州，曾有一段短暫的時間允許酒精飲料管制局吊銷任何「提供性變態流連去處」的場所執照。[43]美國流通量最大的新聞雜誌《時代》（*Time*），在一九六六年曾刊登一篇文章，表達了當時大眾對男同志的看法。文章標題是「美國的同性戀」，整篇文章將男同志視為「偏差行為者」，並寫道「絕大多數民眾對此種人有深深的厭惡」。文章結論認為，同性戀「不值得任何推廣、美化、合理化，不應該給他們少數族裔受難者的虛假地位，也不應該在明明白白的品味差異上做文章——並且最重要的是，不應該用任何藉口來掩蓋同性戀是個醜惡的疾病之事實。」[44]在《時代》雜誌刊登這篇文章之際，美國五十州裡只有伊利諾州推翻了反同性戀法。

一九五〇和一九六〇年代的英國也沒有比較好。一九五四年，電腦之父艾倫·圖靈（Alan Turing）在接受同性戀化學治療後自殺。一九五五年，著名的律師海爾什姆勳爵（Lord Hailsham）嚴詞批評同性戀，說它造成的道德與社會問題，和藥物成癮差不多。他說，同性戀是一種傾向，年輕人處於容易被影響的期間，受年長同志引誘才被誘發的。他接下來繼續解釋同性戀使用身體器官的方式不符合自然，他們進行的活動不符合身體器官的設計功能。[45]海爾什姆後來成為英國最高階的法官。

一九五七年，學者約翰·沃芬敦爵士（John Wolfenden，他後來成為大英博物館館長）發表了他對同性戀案件與賣淫的研究結果。他的研究指出，兩名彼此同意的成年男子之間，其同性性行為不應視為犯罪；他也建議加強對賣淫的懲罰。[46]後面這個建議在兩年內立法生效，但同性戀的部分則又花了八年的時間才正式立法。

一九六〇年代早期，在正襟危坐的社會風氣、大眾缺乏了解、自我感覺良好的法院與媒體推波助瀾下，恐同的風氣十分興盛。許多人利用影射同性戀活動抹黑他人，同性戀往往成為醜聞的基礎或「加油添醋」的材料；在恐懼共產主義者威脅的時代，有時還添加一層間諜疑雲。那些深陷醜聞的人名正逐漸淡去：瓦梭（Vassal）、加爾布雷思（Galbraith）、蒙塔古勛爵（Lord Montagu）、皮特利弗斯（Pitt-Rivers）等等。沃芬敦報告的建議，在一九六七年才終於正式立法，也是我在劍橋的第二年。改變法律很重要，但社會的態度花了很多時間才趕上來。著名小說家福斯特（E.M. Forster）總結了這段時期社會的態度。福斯特是同志羅曼史《墨利斯的情人》（*Maurice*）的作者，於一九一三年到一九六〇年間寫作、修改了這本小說。他在小說初稿上貼了一張便條，上面寫著：「書寫完可以出版了，但值得嗎？」[47]這本書直到一九七一年他死後才問世。

在這樣的背景下，同志生活毫不意外地朝地下發展。互相不知姓名的陌生人發生性關係成為一種必要的妥協。男子們渴望擁有彼此的親密關係，但揭露身分只會導致嚴重的後果。一九六八年在紐約安桑尼雅飯店（Ansonia Hotel）地下室營業的歐陸澡堂（Continental Baths）是個同志浴室，一九七〇年代早期年輕俊美的男子聚集在這類場所，他們圍著毛巾四處走動，啜飲著雞尾酒，最後的結局往往是與陌生人發生性關係。對不曾出入這些場所的人來說，這也許很廉價骯髒。對於在飲水機旁與舞池邊流連的人來說，這給了他們一股反抗與自由的感覺。三溫暖、酒吧、舞廳是他們可以忘卻外界壓抑的地方。這也是男同志唯一可以彼此社交互動的地方，歐陸澡堂不僅僅是性事而已。就在所有勾搭流連的男子之間，當時沒沒無聞的貝蒂．米勒（Bette Midler）在巴瑞．曼尼洛（Barry Manilow）的鋼琴伴奏下，在池邊演唱，贏得滿堂喝采。我的一位朋友，作家布萊恩．馬斯特（Brian Masters）回憶當年情景，用了如下動人的形容：「多年來被囚禁在光天化日之下，真是個狂野、奢侈的自由啊！」[48]

一九六〇年代末期，紐約市警方對同志酒吧的突襲檢查，似乎沿著某套劇本進行。電燈熄滅。警方要客人排成一列。他們會逮捕任何沒有身分證件的客人，以及著女裝的男子。警方的突襲檢查通常都平和落幕，但一九六九年六月二十八日，群眾脫稿演出了。也許是因為多年來的不友善態度，格林威治村石牆旅店（Stonewall Inn）的顧客沒有配合警方，反而起身抗拒。男顧客拒絕出示證件，扮裝皇后拒絕和女警進廁所驗明正身。被警方釋放的人不但沒有急忙趕回家，反而聚集在門外，外頭的旁觀者越來越多。

記者大衛・卡特（David Carter）回憶當時，警方的大動作鎮壓讓群眾反抗得更厲害。「在酒吧外發生的第一個攻擊動作，是一位警察推開一個變裝者，她轉過身來用她的皮包砸警察的頭，」他寫道，「警察用警棍打她，一陣憤怒傳遍了所有群眾，群眾立刻對警方報以不滿的噓聲，接著有人嚷著要把巡邏車掀翻。」[49]

群眾人數比警方多了至少五百人。人們朝警車投擲瓶罐、磚頭、垃圾桶。他們把警察困在車上至少四十五分鐘，直到後援來到。行動者在房子外牆塗鴉「同志有夠力」、「他們侵犯了我們的權利」等字樣。這場暴動上了各地的新聞頭條。隔週的《村聲》（*Village Voice*）刊登了一篇充滿恐同字眼的報導，描寫暴動者「手軟無力」以及「怪胎的力量」，[50]引燃怒火；有一千名示威者聚集在報社辦公室門口。接著發生的街頭搶劫和對抗，同志社群對壓迫者發出明確的聲音。紐約地下報紙《東村另類報》（*East Village Other*）用以下文字總結逐漸升高的怒火：「你幾時見過同性戀反擊了？……現在時代正在變革……主題曲是『這種狗屎事該停止了！』」[51]

在後來的幾年，無論是在美國或英國，男女同志在社會的能見度漸漸提高。出現越來越多的ＬＧＢＴ刊物，包括美國的《同志火焰》（*Gay Flames*）與英國的《同志時報》（*Gay Times*）。

那時我還是個躲在櫃裡的年輕人，我從未踏進同志書店一步，也不曾搜尋同志刊物。但我最近才知道，連我都和一份革命性雜誌有一段不解之緣。

二〇一三年夏天，我飛到舊金山參加商務會議。會議期間，我從一九七〇年代初期就認識的朋友、英國石油前執行主管麥可・薩瓦奇（Michael Savage）與他的妻子、瑜珈教師兼詩人吉妮，邀請我到舊金山歌劇院看表演。我請她讀本書的第一版草稿，她欣然同意了。在我們後續的對話中，我發現她曾擔任英國一九七〇年代報導同性戀生活的雜誌《午餐》（*Lunch*）的編輯，並使用筆名阮・伯恩（Ruan Bone）以保護自己的身分。我認識她超過三十五年，但從不曾發現她與這個早期次文化之間的緊密連結。當你活在櫃中，你就不會問那些可能讓自己或他人身分曝光的問題。

一九七二年，她在編輯專欄寫了一篇重要的文章：「對我們來說，過去四十年英國的同志生活經驗似乎發生了極大的改變……但仍有很長的路要走……同志生活經驗的本質究竟是什麼，還有一大部分是未知數。我們對自己所知甚少，所以當外界人士看待我們，有時仍沿用粗淺或陳舊的觀念，這也一點都不意外。」[52]這段文字也可套用於二〇一二年，整整四十年後的現代。

這份雜誌經常用幽默的人物諷刺大眾對同志的刻板印象。在一篇標題為「誰在搞玻璃」的文章裡，作者解釋「同性戀喜歡觸摸你、勾你的手臂、手搭在你的肩膀。而且，全世界都知道，同性戀不會吹口哨！」[53]這篇文章說，女同志都抽煙斗。但更重要的是，《午餐》訪問了許多同志模範人物，包括我心目中的英雄——大衛・霍克尼（David Hockney）。當記者問他對同志生活的感想如何，他的回答捕捉了石牆運動後種種變動的中心精神：「我不敢說我有多了解英國的同志生活。不過，我認為每個人有時候應該站出來、被看見、盡自己的一點責任。」[54]

同運聯盟（Gay Activist Alliance）、激進女同志（Radicalesbians）、同志解放前鋒（Gay Liberation Front）等同運團體，將戰鬥性放在其活動的核心；[55]較不激進的同運者則著手遊說立法者、專業團體和媒體。[56]一九七三年，美國精神醫學會修改了二十年的官方立場，不再把同性戀歸類為一種精神疾病。[57]後來美國文官委員會（US Civil Service Commission）解除了禁止同性戀擔任聯邦政府職員的規定。[58]一九七七年，哈維・米爾克（Harvey Milk）當選舊金山監督委員會（San Francisco Board of Supervisors）委員，成為加州第一位公開出櫃的民選官員。同志場所的突襲檢查次數逐漸減少，同時消費者對於新的同志聚會場所之需求越來越高。歷史學家多門尼克・利佐（Domenico Rizzo）將一九七〇年代末期描述為「酒吧、夜店、浴室的黃金時期……此時，解放的性慾似乎在各處浮現，從色情刊物到流行音樂文化；因此，村民樂團（Village People）一九七八年的歌曲〈YMCA〉不僅成為國際風潮，更成為一整個世代的國歌。」[59]

愛滋病危機迅速切斷了音樂。

電視

這段「黃金時期」創造了一個廉價、不負責任的形象，此形象定義了同志社群的名聲。再加上愛滋病造成的恐懼，同志被大眾媒體描繪成令人厭惡、不可碰觸的一群人。多虧電視與電影的影響，這個形象開始有了改變。

從幾十年前，英國的電視節目就開始影響人們的態度。一九八六年，當大眾對愛滋病危機的恐懼持續升高之際，英國廣播公司（BBC）在精華時段的肥皂劇《東區人》（*EastEnders*）中，加進了兩個同志角色。那一年，其中一個角色（一位中產階級平面設計師）搬到倫敦東區，與一個年輕的手推貨車小販開始一段關係。幾個星期過去，節目製作人十分正面地處理這兩個角色，並顯露出這對伴侶遭遇到鄰居偏執不友善的態度。在一幕中，當年輕男同志向街坊八卦王妲特．柯頓（Dot Cotton）談到他的同志愛情史時，她忽然發怒說道，「我沒辦法打掃你的房間了，因為那等於是要我赦免這個汙點，不是嗎？更別說你們兩人可能早就得愛滋了。」她說，上帝已經「受夠了」，而且「從天上送來這個恐怖的瘟疫」來給男同志一個教訓。[60]

達特代表了社會根深蒂固的習慣，執著於同志間的性愛，而且不免將他們的生活方式與愛滋連結在一起。《東區人》的編劇希望超越這種心態。他們將這些同志角色放在正常的燈光下，將他們的活動區域從臥室、醫院移到餐廳、雜貨店與家庭。他們這麼做，面對的是排山倒海的憤怒。一九八七年，他們第一次呈現了兩名男同志親吻的畫面。英國國會議員甚至對此提出質詢，質疑在愛滋病流行猖獗之際，是否應該把男同志描繪得如此正面。一份小報刊登了一篇文章，標題是「骯髒！不要在我的螢幕放這種東西」。[61]另一份小報則在頭條寫著「東區同性戀！」[62]

同一份小報，稍後將兩名同志角色的真情時刻描寫為「兩個雅痞玻璃之間的同性戀愛情場景」。[63]有人朝其中一位演員麥可・凱許曼（Michael Cashman）住宅的窗戶投擲了兩塊磚頭。他在現實生活裡的伴侶被人揭露同志身分。「我們堅守下去，」凱許曼說。「我們一切照舊，而到最後，政治環境、甚至是小報們都跟了上來。」[64]這批新一代的電視角色，代表了同志生活並不全然是跳舞、藥物和疾病而已。

到一九九〇年代晚期以前，美國電視節目裡的同志角色幾乎都是次要角色。直到艾倫・狄珍妮（Ellen DeGeneres）成為第一位擔綱黃金時段主角的女同志。艾倫是其同名情境喜劇的喜劇女演員與明星，於一九九七年四月在現實生活中出櫃，出現於《時代》雜誌的封面頭條——「沒錯，我是同志」。幾週後，四千兩百萬名觀眾轉開電視，目睹她飾演的電視角色向歐普拉・溫芙蕾（Oprah Winfrey）飾演的治療師出櫃。[65]

艾倫相信，在現實生活和在電視節目中出櫃，可以幫助社會了解同志社群的全貌。「我出櫃是出於自私，為了自己，因為我認為，這對節目是一件好事，這個節目急迫地需要一套自己的觀點，」她在出櫃的訪談中這樣說。「如果其他人出櫃，也是好事。我的意思是，如果出櫃沒有別的理由，就只是為了顯示多樣性，這也是好事，這樣同志就不會只是些極端特例了。但可惜這些人往往會吸引最多新聞目光。是的，當你看著同志遊行，你看著女同志騎重機或男人穿著女人的衣服。我不想評斷他們。我不想表現得好像我在攻擊他們——我的重點在於接受每個人的差異。我只是不希望他們代表整個同志社群，我也相信他們不希望我代表他們。我們都是獨立的個體。」[66]

收視率顯示觀眾希望看到這些差異。在這一集節目之後不久，《經濟學人》（*Economist*）刊登了一篇文章寫道：「如果同性戀可以選擇，現在會是選擇當同性戀的好時機。」[67]美國國家廣播公司（NBC）開播了以兩位同志為主角的一部情境喜劇《威爾與格蕾絲》（*Will & Grace*）。從二〇〇一年到二〇〇五年，這部電視劇的收視率高居美國第二。[68]

二〇一二年，在美國五家電視頻道的精華時段電視連續劇中，LGBT角色的比例達到史無前例的高點。二〇〇七年，所有角色中只有一・一%是女同志、男同志、雙性戀或跨性別；但到了二〇一二年，這個數字增加到四・四%。[69]同志反誹謗聯盟（GLAAD）會長赫爾登・格帝克（Herndon Graddick）[70]表示，這個現象「反映了我們社會看待男女同志的態度，整個文化發生了改變。越來越多的美國人能接受他們的LGBT家人、朋友、同事與同儕，當觀眾打開他們最愛的節目時，他們期待能在電視上見到和日常生活一樣，形形色色的角色。」[71]

在音樂界也是一樣，早期出現的指標人物如村民樂團、艾爾頓・強（Elton John）、弗雷迪・摩克瑞（Freddie Mercury），反映了現代生活越來越能寬容多樣性。位於紐約、首屈一指的職場議題智庫人才創新中心（Center for Talent Innovation）最近發布，「男女同志的正面形象遍及各處，已經改變了大眾意見；因此美國出現史上第一次，有超過一半的美國人贊成LGBT平等權。」[72]

在電影《魔戒》（*Lord of the Rings*）裡飾演甘道夫的英國演員伊恩・麥克連（Ian McKellen）見到電影世界裡發生的改變。「當我成為甘道夫的時候，我以為自己是全劇組唯一的同志，」他在一次訪談中這麼說。「現在有兩個同志矮人，有一個同志精靈，還有六個公開出櫃的演員……還有，誰說甘道夫不是同志了？」[73]

鴻溝

許多國家仍把同性性行為視為犯罪，對於在這些地方居住的數百萬同志來說，恐懼與告發仍是每天面對的現實。有七十七個國家仍明令禁止兩名成年人在雙方同意下發生的同性性行為，男女同志面臨被逮捕與監禁的風險；在這些國家中，其中五個國家的同志面對的是死刑。[74]除了限制同志的人身自由之外，這些法律同時也醞釀了一個充滿不寬容與恐懼的環境。

二〇〇九年起，烏干達的政治人物試圖擴張懲罰同性戀的法律。當地人稱之為「獵殺同志」法，這條法律明令要求「惡性重大」的同性性行為（也就是累犯）應判處死刑。法律也要求醫師、朋友、親戚、鄰居，應在案件發生後二十四小時內通報「犯罪者」，否則將面對三年徒刑。「在烏干達，再也不需要辯論同性戀是對或錯，」這條法案的起草者大衛・巴哈提（David Bahati）在一部二〇一二年的紀錄片中說道，「它就是錯的。」[75]

有時烏干達的報紙會刊登男女同志的姓名、地址、照片。[76]二〇一〇年十月，現已關閉的烏干達報紙《滾石》（*Rolling Stone*）刊出一篇文章，標題為「踢爆烏干達頭號同性戀照片一百張」。一個亮黃色的大字標題寫著「吊死他們」。二〇〇一年，烏干達一家電台將前銀行家約翰・博斯科（John Bosco）的同志身分曝光後，他必須向英國申請庇護。英國內政大臣（Home Secretary）賈姬・史密斯（Jacqui Smith）宣布，男女同志應「低調行事」，以避免在會懲罰同性戀的國家遭受傷害。[77]這段話的幾個月後，在二〇〇八年九月，英國政府將博斯科遣送回國。當博斯科的班機降落在坎帕拉（Kampala）時，報紙早已將他的照片刊登在頭版。他遭到逮捕，關進水泥牢房中，並與幾個囚犯關在一起。「你被警察毆打，然後你被受刑人毆打，」他說。[78]博斯科賄賂了獄警，逃出去躲了六個月；在此同時，英國的一支法律團隊努力試圖為他的遣返案上訴。他在二〇〇九年三月回到了英國，現在他住在南安普敦（Southampton），工作是心理健康支持工作者及兼職簿記員。

許多烏干達人相信同性戀是「反非洲」的，他們認為男同志發生同性性行為只是為了錢。多達九六％的烏干達人認為「社會不應該接納同性戀」。[79]獵殺同志法的擁護者利用這些觀念來鞏固他們的權力。他們把男女同志當作代罪羔羊，讓人們分心而忽略了真正影響他們的問題，例如經濟與醫療。藉著激起人們對同性戀的焦慮，讓政府在其他方面獲得喘息的機會。

類似的事情也許正在俄羅斯發生。俄羅斯總統弗拉基米爾・普丁（Vladimir Putin）似乎正在推動一股反同志風潮。事件出發點是二〇一三年六月通過的同志「宣傳」法。[80]這條法律規定，任何人只要對未成年者提供不當的資訊，導致他們「錯誤地認為」同性和異性關係「有相等的社會地位」，可被判處罰金或徒刑。[81]這條法律的文字很模糊，因此可以用這條法律來對付那些主張寬容同志的教師與家長。[82]「支持同志」的外國人與被懷疑是同志的人，也可能遭到逮捕與監禁兩個星期。[83]在此之後又通過了另一條法律，任何同性婚姻合法國家的同志伴侶以及單親家長，將再也無法領養俄國出生的孩童。[84]

俄國官方的說詞，有時讓人想起義大利官僚面對黑死病時的說法。普丁曾說，他的法律的基礎，是因為俄國的出生率在逐年下降，而且俄國式的家庭正逐漸式微。[85]

同志宣傳法的支持者就沒那麼拐彎抹角了。俄國國營電視台副主任狄米奇·基謝列夫（Dmitri Kisilev）曾說過，普丁應該做得更多。「應該禁止（同性戀）捐血和捐精，」他在俄國收視率最高的新聞節目上說道。「而且呢，如果發生車禍，他們的心臟應該埋到土裡或燒掉，因為不適合拿來延續生命。」[86]

我和普丁在二〇〇〇年到二〇〇七年間有幾次頻繁的會面。我們之間的關係很近，但從未偏離到個人議題。我與他討論經濟、石油、商業夥伴關係中的權力平衡，就如同我和其他國家領袖討論的話題一樣。我不清楚他對性傾向的態度如何，但我知道普丁是個實用主義者。對我來說，與其說俄國的反同志法是真心的對同志感到厭惡，不如說是一種政治姿態。其他學者也指出，俄國二〇一一年底曾發生大規模示威，示威過後俄國政府通過了在更大層面限制人民權益的法律；俄國同志法很可能只是試圖分散注意力，讓人們忽略更重要的新法而已。[87]俄國的事件彷彿是過去同志迫害行動的迴響，同志少數族群再次被有心人士利用，作為追求權力的棋子。

無論動機為何，人權團體相信俄國反同志法會導致反同志暴力增加。二〇一三年七月，爭取東歐同志權益的倡議團體光譜人權聯盟（SHRA）揭露了一個新納粹團體，其成員開始透過同志個人廣告引誘同志青少年到出租公寓裡。接著他們霸凌、折磨青少年，然後將痛苦的過程上傳到網路上。「在俄國的小城市或鄉村，被揭露同志身分往往意味著死亡，」光譜人權聯盟成員賴瑞．波塔澤夫（Larry Poltavtsev）說，「被揭露身分的青少年可能會自殺或被同儕騷擾，父母可能會把他們踢出家門。對他們來說是噩夢一場。」[88]

人權的進展仍舊參差不齊，但我們仍有理由相信，改變發生的速度會比過去幾個世紀來得快。在人際聯繫密切的時代，光天化日之下的濫權行為不會無人聞問，而且激起的反應會引來更多注意。二〇一三年八月，在莫斯科舉辦的世界田徑錦標賽期間，外國運動員發聲反對俄國的反同志法。瑞典跳高選手艾瑪・格林・崔佳蘿（Emma Green Tregaro）將指甲塗成彩虹的顏色，以支持同志權益。美國選手尼克・西蒙斯（Nick Symmonds）將他的八百米跑步銀牌獻給男女同志朋友們。兩人都上了國際新聞頭條。二〇一四年在俄國索契（Sochi）舉辦的冬季奧運，美國派出一支包括男女同志運動員的代表團，美國總統則拒絕參加任何官方活動。[89]

在運動場外，從美國總統歐巴馬到英國首相卡麥隆（David Cameron），越來越多世界領袖將同志權益與人權連結。二〇一三年四月，聯合國秘書長潘基文（Ban Ki-moon）啟動了一場全球性的運動，希望能推翻世界各地的反同志法律。他在奧斯陸人權會議的一段影片中說，文化、傳統與宗教，永遠不可能作為剝奪某些基本權益的正當理由。「人類大家庭中的女同志、男同志、雙性戀與跨性別成員，我對你們的承諾是這樣的：我和你們站在一起。我保證，身為聯合國秘書長，我會譴責那些針對你們的攻擊，我也會繼續要求國家領袖做出改進。」[90]

像俄國這樣的法律會讓我們裹足不前。然而，我們不能忘了，每個社會發展的速度不同。在這幾十年來，其他國家的政治人物推動了類似的法律，但都在幾年後被推翻，下場通常是深深的難堪與丟臉。俄國的新法律有個英國的前車之鑑。一九八八年，柴契爾夫人領導的保守政府通過了一條「地方政府法」（Local Government Act），其中第二十八節規定，地方當局「不可故意推廣同性戀或發布具推廣同性戀意圖的內容」，同時將同志關係定義為「偽家庭關係」。因為這條惡法，讓更多同志權益倡議者和未來的政治人物從此勇敢挺身而出。今天，英國是全世界對男女同志最包容的社會之一。

其他國家的政府，可善意提醒莫斯科當局以及其他壓迫男女同志的國家領導人，但改變終究必須來自內部。位於倫敦的人權尊嚴基金會（Human Dignity Trust）執行長喬納森．庫柏（Jonathan Cooper）說，在LGBT法律上，一個國家通常無法做其他國家的榜樣。例如巴哈馬在一九九一年就將同性戀除罪化了，但其他九個加勒比海國家仍保留反雞姦法。「永遠都會有人把同性戀除罪化視為另一種形式的新殖民主義，」他說。「這當然是很荒謬的。」[91]大英國協國家身為大英帝國的一部分，殖民地時代的遺跡就是懲罰同性戀的法律。

恐同心態形塑了大半的同志歷史，現在正逐漸消失，但本章的一則則故事可作為今天我們思考的背景。從古希臘到第三帝國，從坎帕拉的壓抑到紐約的自由，社會開明者的漫長歷史與破壞性的恐同者交織，強化了我們今天的每一個對話與決定。我們並不是從一張白紙開始的。

CHAPTER

3

深深埋藏

英國八卦小報《每日郵報》在二〇〇七年五月，以聳動的篇幅報導我的同性性傾向公諸於世的轟動過程。這家報社的編輯將我的辭職事件放在頭條焦點，並且在接下來一個月，寫了超過二十篇文章描述這場鬧劇。我承認，英國最大企業之領導者改朝換代這種事情，確實值得報導，也值得大眾關注。我也知道他們得將我某些私生活的細節誇張化，才能增加銷量。某些報導似乎在慶祝我下台，更多篇幅看起來暗藏著恐同心理。不可思議的是，六年後，《每日郵報》的人竟然打電話給我的助理，問我有沒有興趣寫一篇討論同性婚姻的文章。我禮貌性的拒絕了。

即使我和這家八卦小報過去曾有不愉快的經驗，我還是很感激他們提供這個機會。近幾年內，這家報社發生了明顯的轉變，從原本派攝影師守在我的門口等著拍花邊新聞，到給我一個寫作平台替同志人權發聲，這顯示了整體社會對於男女同志態度的變化。由社會大眾對同性婚姻的態度更可見一斑。一九八三年的抽樣調查結果顯示，半數英國人認為同性戀關係「永遠是錯的」。到了二〇一二年，持同樣態度者減少到只剩下二二%。[1]這態度的改變甚至遍及宗教團體。一九八三年，將近七〇%的英國國教（Church of England）教徒強烈反對同性關係。時至二〇一〇年，反對比例減少了將近一半。[2]同時期內，無宗教信仰者反對同性關係的比例，從五八%降到二一%。

英國在二〇〇五年將同性民事結合（civil union）合法化。二〇一三年，同性婚姻合法化的草案也在英國國會兩議院輕鬆通過。在上議院，草案支持者與反對者間的差距甚至超出二比一。[3]為這結果感到歡欣的不僅是同志權益運動者。英國首相卡麥隆也樂觀其成，即使他所領導的保守黨過去曾因通過反同性戀法案而被譏為「下流政黨」。「我覺得，我們可以這樣看待同性婚姻法案的通過——在學校裡有一群年輕男孩們，他們是同志，他們擔心被霸凌、擔心社會其他人的異樣眼光。今天，他們見到這片土地上的最高立法機構宣告，他們之間的同性愛情和別人沒有不同，更宣告人皆平等，」卡麥隆說。「我想，今天他們會活得更有自信。我可以很自豪地說，這天已經到來。」[4]

這股改變的風潮也席捲了美國。根據二〇〇七年的皮尤全球態度調查（Pew Global Attitudes Survey）的結果，四九%的美國人同意「同性戀是一種應該被社會接受的生活方式」。時至二〇一三年，同意以上這段話的美國人已達六〇%。[5]在二〇一三年的頭三個月，美國進行了七次有關同性婚姻的民調，都得到相同的結果：同性婚姻者支持者的比例已超過反對者。[6]

意見普查並非唯一顯示同志人權進步的指標。美國總統歐巴馬在二〇一一年廢止了美國國軍對同性關係「不問不說」的政策。一年後，一項由全部四所軍校學者共同背書的研究結果指出，推翻這項禁令，「對於軍隊的戰備完成度及整體凝聚力、新兵召集、留營服役意願、攻擊戰力、騷擾動亂次數與品行等各項評估指標均無負面影響。」[7]頗受好評的電視節目像是《歡樂合唱團》（*Glee*）和《唐頓莊園》（*Downton Abbey*），引入了同性戀角色。甚至連教宗方濟各（Pope Francis）都呼籲社會應接受同性戀，並稱自己沒有資格批判同性戀。

社會文化廣泛的改觀，也讓企業對同志的態度產生變化。在財星五百大企業中，有超過九〇%都訂立了反歧視政策，其中包括基於性傾向的歧視。[8]各領域的績優企業從航空、金控到石油公司，紛紛公開宣布他們同性平權政策的成果。

雖然同志平權有如此長足之進展，但據估計美國仍有四一%的LGBT員工選擇避免在工作場合公開同志身分；同樣地，英國也還有三四%的僱員活在衣櫃裡。[9]選擇在工作場合隱瞞自身性傾向的原因私密而複雜，因人而異。但很明顯地，擔心對自己的事業發展有不良影響，肯定是他們做此決定的背後因素。

這些躲在衣櫃裡的員工確實缺乏好的榜樣：直至二〇一三年底，財星五百大企業的執行長中，沒有任何一位公開身分的同志。我不認為這是因為管理階層的同志缺乏能力。相反的，企業高階主管階層少有同志，似乎源於自我選擇和接納度。從工廠基層一直到執行長辦公室，焦慮仍緊緊攫住每一位LGBT員工的心。

曾被《紐約時報》（*The New York Times*）譽為「同志靈敏度訓練教父」[10]的布萊恩・麥克諾特（Brian McNaught）在各企業辦公室演講，他合作的大企業包括美國電話電報公司（AT&T）、高盛集團、默克藥廠（Merck）。他的看法和我一致，無論哪種產業、無論公司的保護政策如何，不出櫃的員工仍舊時常認為如果自己出櫃會發生災難性的後果。他說：「那些不出櫃的員工總是在腦中想像自己出櫃後，種種可能發生、但其實很少或不會發生的戲劇性場面。」[11]

因為不出櫃員工心中的恐懼，在寫作本書的過程中，我在試圖面談一些人時遭遇困難。我的同事與朋友邀請他們未出櫃的親友參與本書寫作。雖然我們保證會匿名保護受訪者身分，許多人還是婉拒了。

在一家總部位於亞特蘭大的公司工作的一位異性戀女性描述道，當她邀請一位二十五、六歲的未出櫃朋友參與面談時，遭遇了一些阻力。這位朋友對此話題極為敏感。「我連給他發封電郵，或留言解釋為什麼我想和他聊聊都沒辦法，」她說。「我只能給他留言，請他回電。而當他打電話給我的時候，必須等他可以找到遠離他座位的無人辦公室，才能撥電話。」[12]

有些同意受訪的人在最後一分鐘取消面談，沒有給任何解釋或後續追蹤。同意受訪的未出櫃員工，要求我們不要使用他們的真實姓名。有些人要求去掉年齡、國籍、甚至工作所在城市等細節，以進一步隱藏身分。大多數人要求我們不要透過工作電郵與他們聯絡。其中一人寫道，「這是我的個人電郵。以後要討論這個話題，請用這個電郵。免得個人助理問我尷尬的問題。」[13]

即使在眾所皆知對LGBT深具包容性的企業裡，員工仍難免懷著這種神經質的恐懼。投資銀行家喬治是個典型的例子。他在牛津大學受教育，他的雇主是美國最大的銀行之一，過去六年他都在這家銀行的倫敦辦公室工作。無論是在美國或英國的調查中，他的雇主都是對同志最友善職場的前幾名。他從沒在職場裡碰到恐同事件。他的公司贊助許多倡議同志權益的慈善團體。此外，他自己也說，這家公司「迅速地成立了好幾個促進包容度的大型多元文化計畫。」[14]這些計畫包括邀請公開出櫃同志運動家來講述自身經驗，並推動一項計畫，請異性戀員工在自己的辦公室門上張貼海報與貼紙，以顯示這是一個對同志同事而言安全的場所。

然而，在喬治工作的那層樓，三百個員工裡沒有一個公開身分的同志。「我想，銀行界真正的問題在於，執行管理階層裡沒有人出櫃，」他說。「我知道在我這層樓有四到五個同志，但沒有一個人願意公開身分。」

他和他未出櫃的同事們相信，出櫃會讓他們面臨工作上的危機。貼紙無法改變這一點。民調或許顯示超過七〇%的英國人支持同性婚姻，但反對者也占不小的一部分。[15]他說，這一點是他必須考慮的，特別是在自己的考績上。

每年員工必須列出幾個能幫自己評估績效表現的人。同時，經理們也請名單之外的員工自願提供評語，這是大型銀行的常規流程。績效評估的結果會決定員工的薪資、升遷，以及更重要的，他們能在這家公司待多久。

「雖然你知道出櫃後百分之九十九會平安無事，但那百分之一的後果太可怕了，」他說。「如果有人不喜歡我，他不必在我面前表現出來、或表現無禮、或表現恐同。只要他夠聰明，就在考績裡說我沒辦法好好和客戶相處。他只要編造個故事，突然間我的考績排名都會陷入麻煩。」

有些安全措施可以提供保護：人力資源部門應該盡職調查，如果有考績不一致的情況，應該與團隊面談。但這並不能讓喬治安心，這些安全措施在他詳盡的分析下似乎都無用武之地。「一旦出現不良評語，你的團隊必須花時間金錢來捍衛你的考績排名，而不是把資源用在幫你升遷上。他們必須被動防守而不是主動攻擊。這一切可能只來自評量裡的一句壞話。」

日復一日進行這種算計是很辛苦的，特別是在工作時數增加到每天十六個小時的時候。同樣的情況也發生在當你必須隱瞞自己週末的活動細節、提到約會對象時的代名詞從「他」換成「她」、確保自己不致在社群媒體意外洩漏生活某些層面等種種時刻。光是為這本書接受採訪，也意味著避開辦公室附近的咖啡店，而到步程十分鐘以外的另一家咖啡店。在面談中，喬治的神情專注且有問必答，但在大庭廣眾之下討論這些題目讓他有些擔心。他在啜飲咖啡時，似乎同時在觀察周遭的顧客與行人。有些問題他用悄悄話來回答。

喬治不是唯一一個必須調整事實、改變日常生活種種基本層面的人。根據位於華盛頓特區的人才創新中心（Center for Talent Innovation）之統計，一八%的男同志會修改自己生活模式的某些層面，好讓自己「看起來像」異性戀。比如說，他們在下班後的社交場合；一六%的男同志承認自己會改變行為表現和聲調；另外有一二%的女同志說，她們會調整自己的某些外表，例如衣著、髮型或配件。[16]

「我累了，懶得再向人說謊了」，喬治說。「因為我的工作性質和工作時數，這件事已經影響到我生活的很大部分。未來我想快樂地、誠實地活過這部分的生活，這是很重要的。」他說，一旦他在幾年後成為經理或總經理，他會選擇出櫃。目前他只想保持自己的偽裝。

喬治的雇主為了鼓勵包容性所做的努力是眾所稱許的。然而個人的風險評估，加上一點點的神經質，還是讓某些員工不願將真實的自我帶進職場。對於在更不友善的環境下工作的男同志，情況則更加艱難。亞歷桑德——這不是他的真名——在紐約與倫敦擔任投資銀行家。他說，在九年的工作期間，同事對同志不友善的玩笑話把他推進衣櫃的深處。他已經出櫃，但基於兩個原因，他不希望透露自己的身分。第一，他不想點名那些對他不友善的同事、讓他們難堪。第二，他認為工作場合仍存在隱性的恐同心理，即使他的同事中能接受同志者占絕大多數。「我仍是金融圈的一份子，而且希望以後在我的城市裡繼續保有商業利益，」他說。「金融圈的人毫無疑問會不喜歡我『打破沉默』。」[17]

「並不是我被公開威脅或被叫怪胎這類的事情，」在他自家公寓的一場私人會談中他這麼說。「但明顯地，隱性恐同還是存在。這種事會讓你考慮再三，你到底可不可以在辦公室裡做自己。」[18]

他聽到的大部分意見來自一名經理，同時也是他的直屬上司。有一個星期，他的整個團隊從倫敦到威爾斯鄉村的一間宏偉宅邸，舉辦一場辦公室外的會議。這是這家公司的傳統，目的是透過騎自行車、健行與划獨木舟建立團隊情誼。這群人大多數是男性銀行家，在其中一天的晚餐時間，他們圍著餐桌，每人輪流講自己聽過的枕邊悄悄話。「我說，『有人跟我說，我的手臂很讚』，」他回憶道。他的上司坐在餐桌的另一頭對他大喊：「那麼，**他**叫什麼名字？」亞歷桑德別無他法，只能陪大家一起哄堂大笑。

玩笑持續到第二天，他的團隊去騎自行車。「當我們走去牽自行車時，他說：『你看到那台粉紅色的車嗎？那是你的。』」

亞歷桑德也提到有次到瑞士開會，他和一位十分受人敬重的女性董事總經理開車回來。他們聊到一位最近離開公司的經理。她開始批評這個經理回大學讀書的決定，也批評他與母親緊密的關係。「她流露出一股非常嘲弄的口氣：『他大概也出櫃了吧。』我說：『很好，希望他開心。』她轉過頭來盯著我看，驚訝得嘴巴差點合不起來。」

雖然這間公司有LGBT團體，但亞歷桑德說，加入這個團體會帶來某種汙點，也意味著「這是一個只有助理和人資部門才會參加的團體。」沒有一個銀行家參加這個團體的聚會。有人心有戚戚焉：亞歷桑德在一間同志夜店巧遇另一個未出櫃的銀行家同事。他建議亞歷桑德不要出櫃，隱藏任何跡象。「他說：『就算你永遠找不到證據，但玻璃天花板確實存在。你可以升到董事總經理，但沒有下一步了。如果你是同志，你就不會是私人俱樂部的一部分。』」亞歷桑德最後出櫃了；六個月後，他被公司解雇。他試著不去細想恐同心態是不是造成解雇的原因之一，他寧可認為他的被解僱和經濟蕭條有關，而非基於某種歧視。現在他是出櫃同志，工作是策略顧問，他很高興離開他的舊同事們。他的新工作環境對同志十分友善，因此他才發現自己過去生活的壓力有多麼大。

「活在衣櫃裡，你隨時都得關心你的言行舉止，別人會不會察覺一些你不想讓他們察覺的事情，」他說。「這種感覺就像活在舞台上。但你打從心底知道，這件事關係的不是觀眾喜不喜歡你，而是你能不能保住工作。」

喬治和亞歷桑德要求匿名接受訪問，這正說明了隱藏內心的恐懼仍舊存在。基石資產管理公司（Cornerstone Capital）的創辦人暨執行長艾瑞卡．卡普（Erika Karp）了解他們的焦慮。卡普說，只有走出櫃外，才能真正了解活在櫃裡的人每天面對的壓力。

在她於紐約的瑞士信貸（Credit Suisse）工作的七年期間，她一直活在櫃裡。為了保持關於性傾向的祕密，她感到壓力重重。「華爾街瀰漫著一股男性能量，你必須在別人眼中隨時保持在絕對頂尖狀態，」她說。「你希望別人根據你的貢獻評價你、判斷你。如果你是女同志，就多了一層不同，人們可能會因此感到不舒服，或至少會因此分心。這會減少你工作應得的注意力。」[19]

雖然她與一位名為莎莉的女生長期交往，但她在同事面前都說自己的伴侶叫山姆。她非常嫻熟於在踏進辦公室的那一瞬間，將「她」轉換成「他」。經常撒謊讓卡普和最親近的同事間產生了一道隔閡，也讓她精疲力竭。不可避免地，保持外在形象的壓力滲透到她的個人生活裡。「我記得有一天，莎莉和我在中央公園散步。

我的視力不怎麼好。我以為看到一百碼外有我的辦公室同事。我緊張起來，拋開莎莉的手。這讓我很痛苦。」

在朋友與家人面前，卡普過著公開的生活。她把第一次參加同志驕傲大遊行視為值得慶賀的一刻，直到遊行路線接近她辦公室的街區。「我在第三十街脫離隊伍，往西邊走得遠遠的，再往下走十個街區，」她回憶道。「想到遊行經過我的辦公室，就讓我頭痛。我還記得那股壓力與恐懼的感覺。」

恐同者的排斥並非某些女性躲在櫃裡的唯一原因。女同志與雙性戀女性也表示，有些男性會對她們的性傾向著迷。她們因此感到尷尬無比，而對她們的工作表現造成嚴重障礙。

克蘿伊是個有自信、能言善道的二十八歲女生，她在一家大型跨國服務公司的石油天然氣部門擔任組長。她認識幾個公開身分的同志員工，也認為她的同事觀念都很開明。她不覺得有人會說她的性傾向是錯的。然而她請我不要透露她工作所在的城市。「我已經證明自己的價值，」她在一間燈光昏暗的酒吧地下室接受訪談，「但我怕男生看待我的態度會變得隨便起來。」[20]

她在現在這份工作以外所經驗的種種事物，造成了她對這件事情的看法。身為地球物理學家，她加入全世界最大的石油天然氣集團，開始職業生涯。她和鑽探團隊一起鑿油井；她向來是全場唯一的女性。每天晚上，她的同事們每人會喝至少六瓶啤酒，然後開始講葷笑話。

有一次，在兩次出任務之間的空閒時間，她的團隊坐在草坪上。有人叫了外送食物，附帶兩個脫衣舞孃。「兩個脫得精光的嗑藥女人，她們在二十個男人面前跳舞，互相撫摸，」她說。「這些人裡，大部分都是粗人。他們說著對女性不尊重的言語，他們只在有性暗示的時候，才會用正面態度看女人。」

克蘿伊擔心刺激他們，她從沒考慮過出櫃。最終，她因為不快樂而離開鑽油團隊，進入了研究所。她希望過著對自己真誠的生活，對每個人敞開心胸，而不只是對密友。她自在地向同學們透露自己是雙性戀。幾天後，一位在投資銀行工作數年的同學向她提出性邀約。「他說，『顯然妳在性事方面可以接受很多事情，所以我們來玩玩吧。』他愛極了我是雙性戀這件事。」她說。

她拒絕了邀約，兩人的關係從此變調。但她的同學仍持續邀約，並與其他同學討論她的情況。「我所受的騷擾到了無法忍受的程度，」她說。「我的力量不足以應付。」克蘿伊很快地回到櫃裡，拒絕再討論自己的私生活。

她現在的雇主積極催生一個具有包容性的環境。然而，克蘿伊仍不願出櫃。「如果你是同志，你是不會成功的，」她說。「石油天然氣產業很傳統，只要是頭腦清楚的人，沒有一個會出櫃。」她對我的辭職事件記憶猶新。她的異性戀同事說我應該更開放、更透明，但克蘿伊強烈相信，我否認自己的身分是正確的選擇。「如果你身處於這個產業的核心，這將帶來極大的風險，」她說。「我曾在鑽探油井工作。這個產業長得是什麼樣子，我一清二楚。」

我的辭職事件，強化了她待在櫃內的信念。她從我的經驗裡學到了一個錯誤的教訓。我過的雙重生活不該拿來作為職業生涯的藍圖。它應該是個警世故事。

躲藏的代價

這些員工們都心知肚明，選擇活在櫃裡並不是一個平衡中立的決定。活在櫃裡，意味著腳跨兩個世界。當你從一個世界切換到另一個世界，就算你再怎麼熟悉此道，你的心靈能量還是會一點一點地被抽乾。這份能量大可用於在職場上解決問題，或在個人生活中與伴侶建立穩定關係等等更有建設性的地方。

性傾向不是一個人的全部，但無可置疑地，它確實是身分認同的重要一部分。如果你否認某一部分的自己，會讓你無法接受全部的自己，對自信心與自尊產生巨大的負面影響。如我的經驗所見，你可能自己都無法察覺這份代價。紐約心理分析師傑克．德瑞斯確醫師（Jack Drescher）說，有時候，活在櫃裡的人無法接納自己在個人與專業方面的成就。「他們感覺自己是虛假的，不知道自己是誰，因此他們無法全然接納自己真實的成就，」他說。「這是衣櫃裡的心理狀態。當你拋出煙幕，讓別人無法看見你，同時你也無法看見自己身邊發生的事情。你無法看見自己。」[21]

我在英國石油晉升的過程中，時時刻刻在盤算思考，該做出哪些不得不的權衡取捨。沒錯，我登上了頂峰，然而當我登頂的同時，我感覺自己被囚困、被孤立了。

我的雙重生活在一九六九年的阿拉斯加安克拉治市就開始了。我剛到安克拉治的幾個星期，住在一家廉價旅館。旅館的牆壁非常薄，薄到你會自然而然認識其他住客。不久前才發生了一場地震，毀掉大部分的鬧區，當時這座城市正逐漸從災難中復甦。你還可以見到沉陷地表的一大部分市中心。有一條酒吧街，那裡常有鬥毆事件，偶而聽到槍擊。即便如此，居民還是每晚光顧喝酒。一家人常去的酒吧地上鋪著滿滿的花生殼，每走一步就會發出脆裂聲。顧客會在鋼琴上跳舞。

在這片混亂中，我開始了第一份工作，我在鑽探井幫忙做流速檢驗。和我共事的男人們一個個高大結實，來自德州和奧克拉荷馬州。他們的長相要說是逃犯也不會有人懷疑。我們在天寒地凍的北方度過漫長的時光，每天等著下一件大事發生，我開始發明一種隱藏自己個性的方法。關鍵在行為舉止完全正常，不要打草驚蛇。我謙恭有禮、樂於助人。我那時二十一歲，但看起來像十七歲。我不僅是全團隊最年輕的一員，也是個外國人，所以人們往往想幫我一把。只要有人問我有沒有女朋友，我會說「有」，就這樣。人們在職場經常語帶保留，因此創造了一道可供我躲藏的屏障。

一九六〇年代後期到一九七〇年代初期，企業運作的標準比今天低得多。讓新進人員感覺被包容、成為團隊一分子的標準，同樣也低得多。當我們到洛杉磯與舊金山出差，我們整天都在工作。晚上，整個團隊都到脫衣酒吧喝威士忌或琴酒，大家輪流抽菸。幾個女人在閃爍昏暗的燈光下舞動。這是個令人驚駭的經驗，我很不喜歡，但我從未拒絕。我得學著融入。

一九七一年，在凍原上工作兩年後，英國石油終於讓我調回美國。我在第四十八街和第二大道的交叉口找到一間相對便宜的住宿，這個地方現在稱為哈馬舍爾德飯店（Dag Hammarskjold Plaza）。我住的是單臥房公寓，裡面有個小廚房，毫無吸引人之處。

我不知道在這樣一個巨大又忙亂的城市應該如何自處。但它給我的匿名性，讓我有勇氣第一次到同志酒吧探險。保鑣把我攔在門口。「這是同志酒吧。」他說，好像要把我嚇跑。「你知道這是間同志酒吧，對吧？」我感到很難為情，迅速地逃走了。也許我的穿著不合時宜。我原本穿著西裝。所以我幾個小時後回來，穿著牛仔褲和毛衣。

最後我好不容易進入酒吧，感覺猶疑不定。我期待會見到一些刺激的、出乎尋常的事情。然而，映入眼簾的平凡場景讓我大吃一驚：不過就是一大群人喝酒跳舞，有些人還穿著西裝。

那時我口袋裡沒太多錢，所以不常光顧酒吧。大部分人把同志夜店視為尋歡獵豔的場所。但我發現很多人光顧同志夜店，其實背後沒有那麼明確的動機。我遇見形形色色的人，有些人相當有趣。對很多其他人來說，他們這輩子的所有同志生活，就只發生在小小的夜店裡。

當時英國石油在紐約只有一個小辦公室，這讓我大為放心。我無法想像辦公室有任何同事是同志，更別說到同志酒吧消費了。但我錯了。幾個星期後，當我走進其中一間同志酒吧時，我立刻被一個眼熟的人發現。結果發現他是我辦公室的同事。他來到我面前，而我只想躲到地底下去。

他出入同志場所的頻率顯然比我高得多。因為這個緣故，再考慮他在公司的職位，我相信如果他的性傾向曝光，他得付出更高昂的代價。我在青少年時期的經驗告訴我，他也冒著一定的風險；更何況，他不會隨便讓任何人知道他是在什麼地方遇見我的。在公司，我們之間的共同祕密讓我恐慌不已，但從沒有人發現一點蛛絲馬跡，我們也從未露出馬腳。

在我寄回英國給爸媽的信裡，我小心地編輯我的人生。我會放心談起我和一個法國男生搬到格林威治村，他有女朋友，教我做菜和辦晚宴。當我講起對大衛・霍克尼的喜愛時，則會謹慎許多；霍克尼是個能言善道且公開身分的同志藝術家，他常在畫作裡直接展露同性性傾向。有次我買了他為詩人卡瓦菲的作品所畫的異色插圖，畫作裡是兩個躺在床上的男人。回顧當年，也許這是一種隱藏的叛逆。我不會對爸媽坦承自己的祕密同志生活。

無論是寫信給父母或參加會議，我的基本哲學向來是「不留下任何證據，不洩漏任何跡象，不讓任何人有機會見到真正的你」。我只要感覺自己彷彿露出破綻，就會好幾個星期都魂不守舍。有一次，當我穿著一套淺藍色西裝經過一個建築工地，一群建築工人開始鬼叫、大喊辱罵同志的字眼。我發誓從那天起永遠只穿深色西裝。

一九七四年，我來到舊金山，在那裡工作兩年。我在一九八〇年舊地重遊，在史丹佛大學完成了商學學位。這座城市不適合我。對一個尚未出櫃的保守英國人來說，卡斯楚區（Castro District）張牙舞爪的氣氛一點也不吸引我。

在這段時期，我交了個女友，是我的醫師的女兒。我會和她在週末約會，十分期待與她共度時光。她是個好伴侶。我還是會偶而出現在卡斯楚的同志酒吧，但因為舊金山的同志場所與這座城市的其他區域非常隔離，我曝光的風險極低，因為我知道不可能會與她巧遇。如果你過著雙重生活，你可以把每件事都合理化。

至少有一個人知道我不是外表的那個樣子。每個商學院學生都有自己的信箱格子。有一天，我的格子裡出現了一封男女同志聚會的邀請卡。我考慮了一下，但最終沒有成行。幾天後，負責籌辦這個聚會的學生來找我，他說：「很可惜你沒來。」也許他知道我面對的掙扎。最終，我的女友主動為我們的關係畫下句點。我不責怪她。我沒有結婚的打算，她感覺到了。我接著轉調卡爾加里、倫敦、亞伯丁。一九八六年，我已經升到位於克里夫蘭市的標準石油公司財務長的位置。我幾乎不再與同志朋友們見面。我的母親已經確定長期與我同居。

我年近四十，每個人都想幫我和他們的朋友或親戚湊對。當我參加晚宴時，朋友的另一半會說：「我認識一個非常好的人，我希望你能認識她。」我漸漸進入某個階段，成為有小孩的離婚女士眼中最有潛力的單身漢。我會保持禮貌，但不表任何興趣。如果我禮貌地忽略，眾親友的探詢通常會自己消失。

隱藏大師

二〇一三年，我在俄國駐英國大使府上，與大使共進午餐。前俄國能源部長尤里．沙凡尼克（Yuri Shafranik）是主賓，我與他因商務熟識已久。俄國大使還記得我認識沙凡尼克時的種種細節。那是一九八九年，我正領導英國石油的探勘生產部門。「那時我們盛大款待你，因為我們的情報顯示你會成為英國石油的下一個執行長，」他說。「這是我們的幹員發現的。」我尋思，他們的檔案裡是不是還寫了些什麼別的事情。

在母親與我同住的十四年裡，我幾乎完全將自己與任何形式的同志生活分割開來。我活在深深的孤獨感裡，但相信我可以靠著久久一次的一夜情湊合過日。當我在一九九五年成為執行長後，我的神經質程度高漲。在國外旅行時，接待我的通常是各國政要，周遭圍繞著層層保安。一九九八年，英國石油併購美國國際石油公司（Amoco）之後，我的名字在美國越來越受注意，所以我身邊二十四小時都有個人保全。保全人員會待在我隔壁的房間，當我一開門，他們會立刻醒來。我的衣櫃在此時已完全釘死了。

我害怕性傾向被人發現，因為我相信一個公開同志身分的人，無法在一個懲罰同志的國家進行商務活動。在中東、安哥拉、奈及利亞等各個角落，這是千真萬確之事。我把待在櫃內視為務實的商務決策。

就算沒有俄國情報特務的能耐，總有人會發現某個員工是未出櫃的同志。我非常會經營公開形象，但依我的後見之明，我知道有些同事懷疑我是同志。我很擅長迷惑別人，更擅長在迷惑別人的同時迷惑自己。

二〇〇二年六月，我在柏林的女性領袖研討會發表演說。我的說理直截了當。英國石油承諾支持多元文化，希望能把全世界最有才幹的人集中到這裡來。只有靠著吸引各行各業最優秀、最聰明的人才，我們才能保持競爭力。「這是個簡單的策略邏輯，所以我們支持多元文化、鼓勵包容各種個體：男性與女性，無論背景、宗教、種族、國籍或性傾向，」我說。「我們希望雇用任何一個角落最優秀的人，我們只看一個條件——才能。」

我們鼓勵包容的方式涵蓋各種各樣的族群。但第二天，左派報紙《衛報》報導這則新聞時，他們的頭條只強調一個小小的切面：「英國石油多元計畫針對同志員工。」[22]

《衛報》特別強調性傾向，顯示把「同志」與「商務」放在一起，在當時是多麼不尋常的一件事。在英國石油，我們正在做這件不尋常的事，把同性伴侶福利放進我們正當提供的員工福利保障中。[23]一九九九年末，世界最大的上市石油公司艾克森（Exxon）併購了規模稍小的競爭對手美孚（Mobil）。在併購案前，美孚已將員工福利延伸到同性伴侶，但艾克森尚未付諸行動。艾克森在簽署併購案的同時，也否決了新聘雇員工同性伴侶的福利。

《衛報》頭條多少令人震驚。但更令人憂心的，是直接刺探我個人生活的訪談。身為執行長，每場面談都是地雷區。一點草率的用字或錯置的句子，都可能代表著災難。

關於我自身的性傾向，我學會毫不猶豫地隱藏。我不需要預習草稿。我盡全力讓人感覺我是個單身漢，只是從未遇見對的人。「我未來會不會結婚還很難說，」有一次我告訴倫敦《週日郵報》。我接著說，「也許這次訪談就是徵婚廣告。」[24]《金融時報》（*Financial Times*）是唯一直接問我是不是同志的報社。這個直截了當的問題，得到直截了當的回答：「你問錯人了。」[25]

然而，最讓人擔心的訪談發生在二〇〇六年。BBC邀請我上熱門的廣播節目《荒島唱片》（*Desert Island Discs*）。節目主持人會問「放逐者」，如果要挑選八張唱片帶到荒島上，要帶哪些唱片？音樂穿插在傳記式的訪談之間。

為什麼擔心？因為一九九六年，這個節目的主持人蘇・蘿里（Sue Lawley）在訪問當時的影子財政大臣戈登・布朗時，直接詢問他的性傾向。「大家想知道你是不是同志，或者是你的性格裡有缺陷，讓你無法維持關係？」她的問法，像是在詢問一條斬釘截鐵的事實似的。布朗回答：「不過是時機未到而已。」[26]

英國石油媒體部主管羅迪・甘迺迪是個聰明人。我十分確定他早已看穿我的煙幕，但他不希望任何對我性傾向的猜測，影響英國石油的形象。依他看，我不該置身於這種情境中。他與我討論這層憂慮，我覺得他動用了自己的影響力，確保主持人不致刺探我的性傾向。他處理了這個問題，性傾向的問題從未出現過。

有段短暫的時間，我想過是否要趁這個節目出櫃。只要我說「我想」，羅迪會想辦法實現。但我的勇氣只持續了短短的時間，很快我就把這個想法藏在心裡。

相反的，我聊到普契尼（Giacomo Puccini）和理查・史特勞斯（Richard Strauss）。我回憶我在寄宿學校的刺骨風寒，談起我母親的傷痛故事。整場訪談非常地友善。當她問我會帶什麼奢侈品到荒島上時，我說，我要一盒古巴雪茄。我會一邊抽著雪茄，一邊聽著佛蘭西斯柯・瑞比拉多（Francisco Repilado）的〈Chan Chan〉，看著夕陽西下。

事實與理想相差十萬八千里。我對過著雙重生活越來越厭倦。無論你在哪一行哪一個位置，只要你活在祕密裡，這種生活就會越來越耗損身心。

即使是今天，我聽了這麼多年輕人活在衣櫃裡的故事，我一方面為了社會加諸於他們身上的壓力感到生氣，一方面為了隱藏的後果感到難過。本章的故事喚醒了我自己的回憶，那段把我自己鎖在硬殼中，確保沒人能進入殼中的時期。人們也許會懷疑。他們也許會發問。但我堅信不可以讓任何人接近，見到真相或真正的我。

無論在公司裡的層級高低，員工如果被困在櫃內，就難以建立全面的視野。只有在回顧時，他們才能了解雙重生活加諸於自身的限制，以及對工作與生活造成的腐蝕。

前投資銀行家亞歷桑德，還記得上司對粉紅腳踏車的玩笑。但他沒有對老同事生氣，相反的，他氣自己躲在櫃中這麼久。「如果我從一開始就對每個人開誠布公，我的生活真的會這麼困難嗎？」他問。「恐同者能有這麼大的力量，是因為我們給了他們力量。如果我們允許這些人把羞恥加諸於我們身上，我們就永遠是次等公民。」

恐懼讓他躲在櫃內。如今自由讓他活在櫃外。

「如果我對身為同志充滿驕傲，叫我去騎粉紅腳踏車還會是笑話嗎？這句話之所以好笑，只因為我盡全力躲在櫃裡。一旦出櫃，笑話就不再是笑話了。」

CHAPTER 4

幻影與恐懼

害怕出櫃是否有正當理由支持？在什麼情境下應該可以考慮出櫃這個選擇？出櫃又會造成什麼影響？對我來說，出櫃這個念頭讓我嚇壞了。回頭來看，這份恐懼的背後並沒有充分的理由。隨著我的事業發展，社會對同志員工的態度也逐漸改變。我被焦慮與恐懼蒙蔽，讓我無法清楚看見這股進步的力量。

我從未遭受任何明確的負面後果，所以在這一章，我請別人講述他們自己的故事。有充分證據顯示，在企業裡的位階越高，LGBT族群的統計比例就越被低估。此外，還有針對LGBT職員有意或無意的明顯偏見。因此，同志在現實條件中遭遇了許多不平等待遇，從薪資與福利不平等到明目張膽的歧視。六個出櫃的同志講述自身故事，他們的上司如何將他們的性別認同變成晉升的障礙。一位企業主講述他的企業面對的後果如何影響到金錢收益，以及他身為同志遭到的騷擾。

歷史與今日的教訓告訴我們，當社會惡化時，少數族群常被當作代罪羔羊。例如猶太人眾所皆知的歷史。LGBT也是一種少數族群，社會對同志漸漸寬容的態度究竟是永久的改善或終究會倒退的週期循環，我們還不得而知。

在艾倫．吉爾莫（Allan Gilmour）擔任福特汽車（Ford Motor Company）最高層行政職位的期間，他每天都得計算利害得失。但不是每道計算題都和數字有關。一九八〇年代晚期，一位記者問吉爾莫為何他從未結婚。「我告訴他，我和福特汽車結了婚，」吉爾莫說。他在密西根迪爾伯恩（Dearborn）的總部不認識任何其他同志執行高層，他覺得必須切割、閃躲有關自己性傾向的討論。「我覺得，我不會因為出櫃或被出櫃而遭到解雇，」他說。「但我覺得，出櫃對我在公司裡進一步的晉升有壞處，也會在福特吸引一些不該吸引的注意力。」[1]

吉爾莫晉升到副總裁的位置，福特企業中第二資深的位置，有三十四年的時間都待在衣櫃裡。隨著他的晉升，有關他性傾向的耳語也如影隨形。在一九九〇年代早期，一名記者聯絡福特公關室，調查另一位福特執行高層的疏失。「據說公關人員表示：『別問這件事了。我告訴你一條真的新聞。吉爾莫是同志。』」另一名公關室職員後來確認此事的確發生過。

這件事後來船過水無痕，那年稍後，福特執行長瑞德．波林（Red Poling）告訴吉爾莫，他想把執行長一職交給吉爾莫。然而，董事會最後卻任命了亞歷克斯．特羅特曼（Alex Trotman）。吉爾莫決定辭職。

吉爾莫說，他不知道自己的性傾向對這件事有沒有造成影響，雖然有人暗示這確實有影響。二〇〇二年，福特重新聘用吉爾莫擔任副總裁，他與執行長比爾．福特（Bill Ford）見面，比爾最近與董事會討論是否聘用吉爾莫。「他告訴我，『沒人討論過你是同志這件事。』」吉爾莫回憶道。「也許是我解讀錯誤，但我覺得這句話的意思是：『真想不到這次沒人討論，因為以前確實有人提起過。』」

即使社會的態度轉變，即使企業正面迎接此一轉變，出櫃永遠都帶著風險。吉爾莫的故事顯示出櫃（與被出櫃）的後果永遠沒人弄得清楚。偏見的天性是隱匿的，這也意味著員工可能渾然不知自己面對的風險。

這樣的風險隨著產業、雇主、地區而變。在美國，直到二〇一三年末，參議院才通過了一條法案，明文保護LGBT員工不受職場歧視。這條法案仍面對國會的嚴峻挑戰。[2]僅僅二十一個州通過了明確保護LGBT員工的法律。在其他二十九個州的老舊法律環境下，理論上老闆可以因為員工是同志而將其解雇。

在美國，幾乎每五個出櫃的男女同志員工中，就有兩人於過去五年內在工作場合中遭到騷擾。[3]在白領男女同志與雙性戀者中，超過一半表示自己曾遭受「黃色笑話和影射字眼」[4]等各種方式嘲弄或輕蔑。在我建立事業的那幾年，這些統計數字又比現在高出許多。

自從我在二〇〇七年被揭露同志身分後，我覺得性傾向並沒有減少我的事業前景。但我的處境並不典型。我先有過一段成功的企業執行階層經驗，並且花了超過四十年的時間經營，我的人脈遍及石油天然氣和金融產業；一切建立之後我才出櫃。一個在事業起步時就出櫃的年輕人，可能無法獲得我享受的機會。

近幾年來的進步已讓職場騷擾的風險大大降低，但職場騷擾還沒完全絕跡。我不能百分百保證如果某人決定公開性傾向，他的事業不會被影響。我多麼希望能告訴同志朋友，他們能高枕無憂；但我收集的資訊顯示，風險仍舊在。平均來說，這些風險不大，而且正在削弱；但如本章所言，每個人的情境都大不相同。

在企業金字塔頂端

企業是人類進步的發動機。它們存在的目的，是帶來一個人無法獨力獲得的健康、財富與快樂。但在多元性與包容性方面，企業往往是追隨者而非領導者，是被動反應而非主動出擊。在面對社會變遷時，企業的反應包括設立導師計畫、改變企業政策、資助多元性訓練計畫、鼓勵針對被忽視族群的招募活動。但即使做出這麼多努力，少數族群在企業所占的比例仍低得不成比例。

偏誤源自董事會。董事會絕大多數是異性戀（或至少表面上是異性戀）白人男性。二〇一二年，財星五百大企業的董事席次裡，白人男性幾乎占了四分之三。[5]數字顯示，隨著董事們的平均年齡逐漸增長，白人男性的比例更加穩固。[6]

有許多問卷調查董事會成員的多樣性，但目前為止還沒有問卷調查LGBT人口的比例，所以我們不知道有多少同志擔任企業董事。二〇一三年，輝瑞藥廠（Pfizer）公關執行長、同時也是公開的女同志莎莉・薩斯曼（Sally Susman），被任命為跨國廣告公關公司WPP的非執行董事。她認為，董事會要能代表同志的聲音，還需要一些時間。「董事會向來是自己小圈圈裡的活動，對女性、少數族群和同志不利，」她說。「改變發生得很緩慢，但終究會到來。真正的英雄，是那些願意考慮個人才識、忽略他們身上標籤的執行長與提名委員會主席。」[7]

從獵人頭公司的角度看來，情況究竟有沒有改善，至今仍莫衷一是。許多富時一百企業任命董事會成員時的首選、獵人頭專家安娜・曼恩（Anna Mann）表示，性傾向並非選才過程中的考量之一。「我從沒在董事會的層級見到針對同志的任何歧視，」她說。「這是個不相干的因子。」[8]然而，另一位優秀的獵人頭專家「城市獵頭者」（City headhunter，應當事人要求匿名），則見到不少歧視發生的機會。「董事會招募新血，是要找類似性格的人，」她說。「這可能會排除那些與招募者不同的候選人。」[9]

這並不是歧視的證據；事實要複雜得多。現有的社交與專業網絡創造了企業的董事會，而董事會的職責是管理企業。因此，董事會傾向於保守、不愛冒險，他們的行為模式加強了圈內人與圈外人的分野，也不怎麼令人意外。比如說，我見過男性董事們趁著在便斗邊的時間談成交易案，或針對某件事彼此爭論起來，這種場合排除了女性董事的參與。我相信，對做出高階決策的執行高層而言，同性性傾向可能會在有意識或無意識下發出警告訊息；因為如果有人無法符合董事會的框架，他帶來的是風險與不確定性。這或許能解釋為什麼截至二〇一三年末為止，富時一百企業裡居然連一個公開同志身分的執行長也沒有。只有一個董事會任命了唯一一位公開同志身分的執行長，[10]那就是博柏利（Burberry），這位同志執行長預計將在二〇一四年夏季上任。如果我們假設社會中有五%是同志人口，富時一百企業裡應該要有五位同志執行長，財星五百大企業則應該有大約二十五位。

隱性偏見

無意識的偏見形塑我們的行為，引導著我們一言一行。我們從小接納外界的資訊，吸收社會、朋友與家人給的負面刻板印象，這樣的資訊塑造了我們對別人的信念與態度。心理學家瑪薩林．班納吉（Mahzarin Banaji）與安東尼．格林瓦（Anthony Greenwald）在他們的著作《盲點：好人心中隱藏的偏見》（*Blindspot: Hidden Biases of Good People*），詳細探討了無意識偏見的現象。「因為在我們的文化環境中，我們接觸這些知識十分頻繁，因此把這些知識存在我們的大腦裡，」他們寫道。「一但隱性偏見進駐我們內心，它會影響我們對特定社會族群的行為，但我們對這些影響渾然不知。」[11]

內隱聯想測驗（implicit association test, IAT）顯示，社會各族群都受到隱性偏見的影響。[12]這個測驗請受試者將各種人群（例如拉丁裔、老年人、同志），連結至價值判斷（例如善、惡）以及刻板印象（例如聰明、善運動、邪惡）。受試者將族群與價值判斷、刻板印象分類配對的速度越快，就表示連結越強。研究一再地指出，大家想到善的觀念時，很容易聯想到白種人、年輕人或異性戀，而較不容易聯想到黑人、老人或同志。[13]

截至二〇一三年末，有一份測試與性傾向相關偏見的內隱聯想測驗，共有超過一百萬人完成填答。「填答問卷的異性戀者中，絕大多數人或多或少對其他異性戀者都有某種程度、隱而不顯的偏好，」審閱資料的心理學家瑞秋·利斯堪（Rachel Riskind）指出。「男女同志對其他的男女同志有輕微的偏好，但他們的偏好與異性戀者對異性戀者的偏好相比，是小巫見大巫。」[14]我最近決定也來試做這份測驗。根據我的結果，我和一六%自然而然偏好同志的受試者相同；而六八%的受試者傾向偏好異性戀者，另外一六%沒有偏好。

我們從很小的時候就開始接觸到社會的異性戀偏見。兒童在書籍與電視中接觸到的角色裡，絕大多數是異性戀；在宗教環境下，同性戀往往與罪惡相提並論；美國禁止男同志捐血，因為大眾仍擔心愛滋病；此外，在不同的地區，男女同志無法享有異性戀者擁有的部分權利（例如結婚與兒童領養權）。

將同志歸類為輕浮、濫交、得病、容易藥物及酒精上癮，會不可避免地影響大家對其能力的評價。當管理者在評估求職者時，他能用的時間與資源只有這麼多。然而，如果他評估的資訊裡出現任何空隙，他的大腦會自動填滿空白，此時潛意識中的偏見與刻板印象將發揮一定的效應。這是個自動的過程，是人類成功演化的重要一步；但在現代職場中，卻會傷害少數族裔的出頭機會。

性別與種族研究已證實，潛意識下的偏見可能會影響聘僱、升遷、給薪的決定。有越來越多的證據顯示，同志求職者也可能面對同樣的偏見。社會學家安卓斯．提爾席克（András Tilcsik）試圖檢驗在相同的條件資格下，男同志是不是比異性戀男性更不容易得到工作面試的機會。[15]他從七個州選出將近一千八百個工作職缺廣告，每個職缺他都寄出兩份假履歷表。在兩份履歷表中，一位求職者列出一項經歷是大學時期曾參加同志學生團體。另一位求職者列出的經歷，則是擔任左翼小型校園團體「社會改革聯盟」的財務幹部。兩份履歷內容不同，但工作資格與性傾向之間沒有連帶關係。因此求職者受邀面試的機會，只可能與其中一位學生經歷裡的「同志訊息」有關。[16]

特意設計為異性戀的求職者中，有一一．五％獲得面試邀請。曾參加同志社團且資格相同的求職者當中，只有七．二％獲得面試邀請。也就是說，同志求職者得到面試的機會少了四〇％。[17]

我們不能太簡化地說，是因為雇主擺明不願雇用男同志。有意識與無意識的刻板印象，可能對雇主選擇求職者造成一定的影響。提爾席克解釋說，在這個研究中，當徵人廣告明確徵求「肯定」、「積極」、「果斷」的人才時（三項符合異性戀男性刻板印象的特色），同志求職者受邀面試的機會就會減少。回絕同志求職者的管理者，心裡想的未必是明明白白的恐同。然而他或她的潛意識中，有某種先入為主的觀念，例如相信男同志既女性化又被動；因此在他們眼中，同志求職者便顯得不適任這份工作。[18]

當公開身分的男同志確實找到工作的時候，他們掙的薪水很可能比他們的異性戀男同事低。在美國，過去十年內有十多個研究發現，拿男同志與資格相似的異性戀男性同事相比，男同志的收入低一〇%到三二%。[19]一份研究回顧了澳洲、加拿大、歐洲的文獻，發現男同志的收入低了七%到一五%。一般來說，女同志則不受歧視。[20]

經濟學家認為，收入的差別不光是對男同志的懲罰這麼簡單，也可能反映了對已婚男性的優惠；已婚男性的收入通常高於單身的異性戀男性。[21]許多學者試圖解釋已婚男性享有的顯而易見的優惠；有些學者認為工作產量高的男性才會結婚；[22]其他學者則認為，是婚姻提高了男性的工作產量，[23]因此雇主偏好已婚男性。[24]結婚帶來的優惠，也可能部分源自於對異性戀員工的偏好。[25]無論原因為何，已婚者的優惠是千真萬確的，也是已婚者職業生涯躍進的跳板。異性戀男性經常在個人的專業自述中提到自己的婚姻和兒女。

處理這些不平等並不容易。「大家有個強烈的刻板印象認為同志都很有錢、教育程度很高，」經濟學家李·芭吉特（Lee Badgett）說。「這種刻板印象可能會打消任何有關經理人不公平對待職場員工的想法或擔憂。」[26]因為公司行號直到最近才開始記錄員工的性傾向，能找出薪資不平等的證據少之又少。

然而，女同志的收入往往比他們的異性戀女同事高。有幾個可能的理由。因為女同志較不可能有子女，她們的職業生涯受到延誤的次數不如異性戀女性頻繁。[27]研究也發現，與異性戀女性相比，女同志的工作時數較長，而且平均來說教育程度也較高。[28]工作與教育有一部分可能是一種生存策略，因為女同志了解，她們不會嫁給薪水較高的男性，因此為了經濟安全，必須加倍努力才能自保。她們薪水的優勢，也可能是對她們散發的陽剛氣質的獎勵。[29]無論是何種情形，女同志掙比異性戀女性更高的薪水，卻也沒能與男性並駕齊驅。無論同性戀或異性戀，女性的收入都低於同性戀與異性戀男性。[30]

顯性偏見

在職場，身為同志不光是帶來財務上的後果而已。恐同的經理人可能會對下屬的同志員工造成極大的不愉快。這會影響工作動力、士氣，以及同志員工專業成長的空間。

希拉瑞在倫敦一家大型跨國顧問公司擔任顧問，她在二〇一二年加入公司。當她還是資淺員工時，她緊張到不敢出櫃。她擔心會被看作「那個女同志」，而不是個工作表現出色的年輕女員工。有一次，當她和一位資深男同事談到她的另一半時，她不小心用了代名詞「她」。

「我解釋說，我是女同志，我有個女朋友，感覺一切都沒事。但隔天當我進辦公室的時候，經理對同組的每個人說，我有個肌肉男友名叫道恩，」希拉瑞說。「我以為這是個偶然的笑話，但不用說，這個笑話日復一日，直到讓我難以忍受。我請他停止，但他依然故我。羞辱似乎讓他很滿足，特別是當同組其他人問我道恩是個什麼樣的人的時候。」[31]

這種情形持續了好幾個月，直到這位恐同的經理離開小組。到了這時，希拉瑞才覺得舒服一點，終於有勇氣出櫃。「大多數人不會把性傾向當成識別身分的標籤，」她說。「然而，事情總有特例，這裡也一樣。」雖然希拉瑞已經出櫃，她還是選擇在本書中匿名，因為她不希望外人認為這家公司有恐同傾向。她保持匿名，並不是因為她覺得自己的性傾向會對公司造成負面形象。

經理人可以幫整個團隊定調。如果領導者覺得說恐同笑話是件有趣的事，整個團隊往往也會跟著一起笑，並且模仿領導者的行為。這會讓同志員工感到被邊緣化，更無力發聲。這正是艾登·吉力根（Aidan Denis Gilligan）的經驗，他在布魯塞爾一家首屈一指的跨國公關公司擔任專案經理。有一名資深經理人好幾次透過一名同志同事的電腦，向資淺員工發出帶有強烈性暗示的電子郵件，共謀笑話的其他員工也收到一份密件副本。「那些正在六個月試用期間的年輕受訓員工一定會以為那個同志喜歡上自己了，然後就會心生恐慌，」吉力根說。[32]有一次在公司的聖誕節派對上，這名恐同經理人送員工禮物，吉力根必須在所有同事面前打開這份禮物。裡面是一個乳膠手套和一盒凡士林。每次吉力根走過經理辦公室門口時，經理都會問他：「你是要去『化妝室』補妝嗎？」

吉力根說，恐同笑話和字眼讓同志員工不願意參加公司的社交活動，因而讓他們與領導階層更加疏遠。最後一根稻草則是他參加的第二次公司聖誕節派對。與吉力根同桌的一位英國男子，穿著一條蘇格蘭裙。當辦公室主管經過這桌時，她問英國同事，吉力根有沒有在桌底下對他毛手毛腳。「這是職場羞辱的極致。她讓公司的每一個人都有取笑我的權力，」他說。「很明顯，我永遠不會爬到企業樹的頂端，因為我永遠不會符合他們的完美形象。」

瑪格麗特．瑞根（Margaret Regan）是一個國際組織的領導人，她的組織為世界最大的幾間企業與團體提供多元性與包容性的訓練課程。她說，大趨勢指向包容，越來越多企業努力提供支持ＬＧＢＴ員工的環境。這股趨勢經過了長久的演變。在一九九〇年代，有次她為客戶的公司進行組織評估，有一位資深經理人要求她不要帶同志顧問一起來。她拒絕了——他們請她轉告同志顧問，晚上待在旅館房間裡。她無法想像這種要求會出現在今天。

在某些工作場合，宗教催生了反同志的態度。二〇一一年，瑞根有一位客戶不願意討論ＬＧＢＴ議題。「副座訓誡我們，聖經是如何譴責同志，」她說。「我們面面相覷，不知該說什麼。她告訴我們：『你必須痛恨罪，但深愛罪人。』」[33]瑞根的團隊也請經理人評估不同團體對辦公室環境的感受。「我們問，男女同志員工對於在這裡工作的感覺如何。一位執行高層說：『我不想回答，我不願意討論這件事。』」

瑞根相信，美國各地區依然存在差異，有些執行高層還沒準備好把ＬＧＢＴ議題放進企業整體的多元性與包容性策略裡。然而，隨著社會的觀點改變，許多執行高層的觀點也會改變。他們現在是極端者而非主流。[34]

出櫃可能會讓同志員工與宗教信仰虔誠的經理人之間產生裂痕。賈斯汀・唐納修（Justin Donahue）的公司是世界最大的航太公司之一，他在那裡工作了八年。當他在佛羅里達分公司工作時，他邀請他的女性經理參加他的同志合唱團舉辦的音樂會。在音樂會中，她明顯露出不舒服的神色。他們演唱了動畫《小美人魚》裡的歌曲〈親吻她〉（Kiss the Girl），合唱團裡有一對女同志嘴對嘴接吻。他的經理立刻起身離場。隔週一，她把唐納修叫進辦公室。「看得出來她心煩意亂，而且十分不舒服的樣子。她看起來眼淚幾乎要奪眶而出，她覺得深受冒犯。」他說。[35]她在整段對話中的每個字都提高分貝，她告訴唐納修，她不但為他祈禱，也希望能打電話給他母親，告訴她，雖然他選擇過同志的生活方式，但他仍舊是個好員工。「我坐在那裡，努力不要生氣。」他說。那天發生的種種，導致他們的關係日趨緊張。唐納修最後調到了加州的另一個分公司。

當同志員工出櫃，反同志的態度不是他們面臨的唯一風險。大眾文化經常將男同志描繪成輕佻、不負責任的一群人。同志的風險之一，是可能較不受經理人（即使是思想開明的經理人）重視。這不是一種明目張膽的不友善，但它卻可能左右經理人，影響他們是否給予同志員工與異性戀員工同等的尊重。

傑卡在倫敦一家大型媒體公司擔任作者，有五年的經驗。他說，他的性傾向經常讓他的主管戴著有色眼鏡看他。有一次，當他講述一則有關少數族裔受迫害的新聞時，一位女性主管說：「喲，那聽起來太～讚了！」她擺出誇張的女性化手勢。另一次，一位非常資深的男性主管說，傑卡不應該「浪費時間在稀奇古怪的東西上」，還說他的報導「太沒份量」。傑卡很困惑，他最近的報導內容有暴動、娼妓、藥物。「他們有個根深蒂固的觀念，認為同志都很輕浮。也許在不知不覺下，他們時時在找證據驗證自己的偏見。」他說。「當別人評斷你的標準不是你真正的工作表現時，你要怎麼求進步？」[36]

他在二〇一二年離開那家公司。後來前同事告訴傑卡，這位編輯曾在一次會議中拿他的性傾向開玩笑。「她解釋著該如何在推特（Twitter）上遵守禮節，告訴聽眾他們代表公司，應該要謹言慎行。她說，她已經好幾次叫我『不要上推特宣告去同志夜店玩』。我從來沒做過這件事。如果我是異性戀，我懷疑她還會不會用夜店舉例。但即使在相對開明的人群中，同志仍舊經常是玩笑的對象。」傑卡與之前的受訪者一樣，心中的恐懼已根深蒂固。即使他已公開出櫃，他仍希望在本書中匿名，以免危及他的職涯發展。「管理者通常不會在乎你是不是同志，」他說。「但如果你提及懷疑待遇不公，你突然就會變成負擔。」

跨性別員工在出櫃時面對的後果似乎特別嚴重。在美國的一項調查中，九〇%跨性別員工表示曾在工作場合遭到騷擾與歧視，大約有一半的人認為自己曾因為跨性別身分被解雇、未被雇用，或失去晉升機會。[37]在受訪者當中，跨性別者的失業率是全國平均的兩倍以上。二〇〇七年，凡迪・格林（Vandy Beth Glenn）在亞特蘭大的喬治亞州議會負責法案編輯與校對。這年九月，她表示自己將在下個月從男性變為女性。州議會法律主任顧問史威爾・布朗畢（Sewell Brumby）找格林會談，確定她的想法。「會談一結束，我被請回辦公桌，他們給我兩個箱子來打包東西，然後趕我出門。」她說。[38]

格林控告雇主因性別歧視不公平解雇。在法庭口供中，布朗畢並未質疑格林的工作表現。相反地，他說「格林變性的想法很不適當，可能會影響團結，有些人會把這件事視為道德問題，也會讓格林的同事感到不舒服。」他也說，「想到有人穿著女性衣服，衣服底下卻是男性器官，讓我感到不安。」[39]

一直到二〇一一年，格林被解雇四年後，她才贏得回到工作崗位的權利。她沒有得到任何薪資補償。「很多人無法理解跨性別者在LGBT運動中的角色，但在我看來其實很簡單，」格林說。「厭惡我們的是同樣一批人、基於同樣的理由。因為我們違反了性別常規。」

連獨立自營的同志也無法倖免於偏見的影響。北卡羅萊納的商人鮑伯・佩吉（Bob Page）將替代公司（Replacements Ltd.）一手打造成世界最大的瓷器、水晶、餐具與收藏品零售商，每年收益超過八千萬美元。佩吉在一九九〇年的一篇新聞報導中出櫃，此後，他的公司開始面對三不五時的攻擊。許多教會要求信徒與其他教會不要與替代公司打交道。公司廁所與戶外設施被噴上同志字眼。幾年前，有位女士將車橫停在通往替代公司的雙線道上。她大喊「上帝快回來了」和邪惡的同性戀。警察在四十五分鐘後將她請走。「我一直都很顯眼，」佩吉說。「我們還沒有這麼天真，以為恨我們入骨（特別是針對我）的人不存在。」[40]

反對同志的聲浪，在二〇一二年五月北卡羅萊納禁止同志婚姻公投前特別高漲。在公投前幾個月，佩吉遊說議員，又租下兩個雙面電子看板，支持同性婚姻。他的公司收到憤怒顧客的無數電郵、信件與電話。「我不會和公開支持性變態的公司做生意，」一位來自附近城市羅利（Raleigh）的顧客在電郵裡寫道。「請把我從你們的郵件清單裡刪除。」另一位顧客認為佩吉的行為危及他的孩子的幸福。「我和老婆結婚二十六年，有四個女兒，」信裡說。「我的其中一個女兒已經長大嫁人，生活幸福，我很擔心隨著同志生活模式的能見度與包容度越來越高，她可能會被引誘進入女同志的生活模式。」[41]

佩吉因為出櫃以及公開支持同性婚姻，失去了與當地人做生意的機會。然而，自從有了網際網路，他店面的生意漸漸不重要了；店面只占五％的銷售量。他所受的限制也比其他企業主少。「有一封信說我傷害了我的股東，」他說。「事實上，我就是我的股東。我只對我自己負責。」

恐懼漸減

隨著立法通過，更重要的是隨著時間轉變，同志員工越來越不需要因為直接歧視以及歧視造成的後果而心生恐懼。我目前面對的職場恐同故事，包括本章中許多故事，通常是個人的偏見，而不是整體歧視性的企業文化。持續性的、企業整體的騷擾案例會越來越少；剩下的是零星的不當行為，通常這些行為會讓加害者難堪，而非受害者。但出櫃仍會讓LGBT員工的專業生涯增加變數；出櫃也意味著他們得承認自己誤導了同事們，他們並沒有展現真實的自己。有人問過我，出櫃會不會給同事一個不信任你的理由？答案毫無疑問在於背景脈絡。有人在恐同的環境下長大，就如我的童年經歷，在長大很久以後才出櫃可能得到諒解。今天，隨著社會的轉變，我就不太確定。

出櫃對企業的好處（特別是及早出櫃），開始超越風險。這不表示恐同觀念與異性戀偏見就不復存在了。有時候，恐同心態甚至有增長的趨勢。比如在美國，從一九九〇年中期起，針對同志的仇恨犯罪報案數增加了。[42]在法國，與二〇〇七年相比，認為社會應該接受同性戀為生活一部分的人數反而減少了。[43]二〇一三年法國國會通過同性婚姻合法化法案後，針對男同志的仇恨犯罪報案數急遽增加。[44]企業高層仍缺乏LGBT員工，顯示LGBT職員的職涯發展仍受到某些因素的限制。

我的第一手經驗告訴我，近幾年來世界各地的重大法律與社會變革，已創造了一個更具包容性的企業環境。但如本章所述，未來還有很長的路要走。我們不該以為正向的變革會永無止境地前進。歷史顯示，越是成功繁榮的社會，越能包容少數族群；但當社會遭遇困境時，少數族群就被當作代罪羔羊。捍衛、促進任何一個少數族群的權益，需要隨時保持警覺；因為社會有時可以從歷史災難中學到教訓，有時不行。英國前首席猶太教拉比喬納森・薩克斯（Jonathan Sacks）曾說，他擔憂反猶主義捲土重來。「我曾經以為納粹大屠殺已經根除了反猶主義；我以為每個人都可以聽到奧斯威辛集中營的鬼魂哭喊『慘劇不要重演』。現在我不太確定。我越來越覺得，如果我們不像雅各一樣，與我們的天性與信念中的黑暗天使摔角，將會發生更多悲劇。」[45]

今天，全世界的反猶事件數量正急遽增加。[46]也許反猶趨勢和恐同之間沒有關聯。然而，看到從美國到法國、俄國湧現恐同暴力事件，還是令人心寒。

二〇一三年末，竟有多達七十七個國家把同性戀行為視為犯罪。這些國家提醒了我們，許多國家在平權的路上已經走了多遠，而我們還有多長的路要走；如果我們不繼續鼓勵包容，我們又可以倒退多遠。如果我們繼續努力（我相信我們正在努力），出櫃的風險將會越來越小。社會變革的重要催化劑，是人們越來越認知到出櫃對企業是件好事，這也是下一章的主題。

CHAPTER

5

出櫃是椿好生意

二〇一三年六月二日，我在《金融時報》發表一篇社論支持同志婚姻。英國上議院將在隔天投票表決同性婚姻合法化。我支持這項法案，是出於身為一個務實立法者、一個男同志、也是一個人類的身分。但我支持它，也因為我是個生意人。[1]

企業很少對婚姻採取立場。但我在擔任執行長的期間學到一件事，任何一個能營造包容性的工作環境的政策，都對企業有好處。我在英國石油的前同事、現在是資深執行高層的保羅・利德（Paul Reed）說得很好：「我不希望有人省下四分之一的腦力只為了隱藏自己的身分。我希望他們所有的腦力都用在工作上。」[2]

包容性創造一個公平的競爭環境，才識最優秀的人自然會升到頂端。因此，對於每個想在全球市場中爭取優秀員工的公司而言，尊重多元性傾向與性別認同是策略重點。受到不公平待遇或感覺不被包容的少數族裔，會選擇去其他地方工作。越來越多的公司了解這一點。因此，他們對LGBT員工的權益，提供越來越多的支持。

二〇〇八年十一月，美國加州選民有機會公投八號提案，這個提案將取消兩個同性別的人在加州結婚的權利。在投票前，只有四個大型企業與團體公開表達支持同性婚姻。[3]二〇一三年三月，當美國最高法院聽取婚姻捍衛法（DOMA）與八號提案，共有兩百七十八位雇主——其中包括超過兩百家企業——共同簽署了一份法庭之友意見書，在意見書中表達對「婚姻平權」的支持。[4]

在這份文件中，包括蘋果、花旗集團、微軟、摩根士丹利、星巴克等公司表態，「婚姻捍衛法完全沒有促進團結，相反地，它要求雇主用不平等的方式對待與同性結婚的員工和與異性結婚的員工。」他們指出，企業表現取決於「員工的才能、士氣與動力。」[5]

今天這些公司用行動表示，在今日社會鼓勵包容性帶來的好處，勝過流失反對LGBT平權者的風險。二〇一二年一月，星巴克宣布支持同性婚姻「是我們的自我認同，也是我們企業價值的一部分。」[6]到了三月，為支持八號提案而成立的全國維護婚姻組織（NOM）發起了「倒掉星巴克」活動，呼籲成員抵制星巴克。NOM聲稱，星巴克「向每個有宗教信仰的人發起了文化戰爭」，星巴克的顧客是在資助「企業對婚姻的攻擊」。[7]一週內，有一萬人加入了NOM的臉書頁面，超過兩萬三千人簽署了該組織的線上請願書。[8]一年後，星巴克在西雅圖舉辦股東大會，一位憤怒的股東起立發言。他認為星巴克支持同性婚姻造成了消費者抵制，因而在抵制後一季的營收「不如人意」。星巴克執行長霍華．舒茲（Howard Schultz）回應：「不是每個決定都是以經濟為出發點的決定……我們這家企業雇用超過二十萬個員工，我們希望能擁抱多樣性、各式各樣的人。」在現場聽眾的歡呼聲中，他給這位憤怒的股東幾句臨別贈言。「我很尊重地說，如果你可以找到比去年的三八％獲利更高的股票，這是個自由的國家，你可以把你的股票賣掉。」[9]

華爾街的領袖們也表達了他們的意見。二〇一二年，高盛集團執行長勞埃德．布朗克凡（Lloyd Blankfein）出現在一段支持同性婚姻的影片中。這部影片的製作群是美國最大的LGBT權益倡導團體──人權運動基金會（Human Rights Campaign）。布朗克凡呼籲觀影者，「加入我和多數美國人支持婚姻平權的行列」。他後來承認，他的影片聲明讓高盛集團失去了至少一個大客戶，因為該客戶的領導階層基於宗教理由反對他的立場。[10]

他繼續在一連串的媒體曝光中闡述他的商業邏輯，顯示失去一個客戶的重要程度不如招募最頂尖人才。「我努力創造一個中立的工作環境，盡可能歡迎每一個人，」他在接受哥倫比亞廣播新聞台（CBS News）採訪時說。「其他公司或產業也許會對有能力的人才抱著不友善的態度或予以排斥……他們正好給我們更多競爭優勢。」[11]

多元性和包容性並不是同一件事。公司裡光是有一定數量的員工來自多元背景，對公司並沒有太大幫助；除非他們感到被接納與重視。無庸置疑，對LGBT

的包容性又更加困難了一點。公司可以一眼看出員工或求職者是男是女、是亞洲人或拉丁裔。但誰是LGBT的一員、誰又不是，並不總是那麼容易看得清楚。因此，公司支持平權與包容性的立場必須毫不含糊，這是非常重要的。在美國的一份調查中，大約八〇%的LGBT受訪者表示，當他們在申請工作時，他們的未來雇主有LGBT平權與多元性政策是「非常重要」或「相當重要」的。在英國，七二%受訪者的態度也相同。[12]

美國銀行美林證券（Bank of America Merrill Lynch）倫敦分公司執行董事茱莉亞．哈格特（Julia Hogget），回憶一九九〇年代中後期。在她出櫃以前，她很重視公司有沒有正確傳達接納包容的訊息。她當時收到兩家銀行的聘書，她比較了薪水、訓練課程、地點，她也評估了公開性傾向是否會對自己造成風險。「其中一家公司的合約裡有一條文字，基本意思是『我們不會因為性傾向而解雇你』，另一家公司則隻字不提。」她回憶道。「另一家公司的合約內容，僅按法律要求照表操課；也就是說，你不能基於性別與種族給予歧視待遇。我選擇為保護LGBT員工權益的公司工作，因為我覺得它的環境更能包容員工；一部分原因是因為，在當時的英國，即使法律還沒有要求他們擴大保護範圍，擴大到包含男女同志與跨性別員工時，他們已經想到這麼做了。」[13]

因為這是一場人才爭奪戰，所以越來越多的財星五百大企業將LGBT包容性視為必須政策而非一種選擇。二〇〇二年，這些企業中有六一%將性傾向放進其企業政策中；只有三%包括性別認同。[14]到了二〇一四年，九一%禁止以性傾向為理由的歧視，六一%保護員工不因性別認同受歧視。[15]提供同性伴侶健康保險福利的公司數量也戲劇性地增加。在同樣這段期間，從三四%增加到六七%。[16]

企業政策對於傳達正確訊息非常重要。我們可以測量、追蹤政策實行的程度，在評估企業對同志員工的承諾時，我們有明確的基準。好的企業可以超越自身領域的法律框架，即使法律沒有要求他們採取行動，他們還是可以推出有效的政策。任何公司想吸引各種背景的人才，這一點都是至關重要的。

人權運動基金會深深了解這一點，所以在二〇〇二年推出企業平權指數

（Corporate Equality Index）。人權運動基金會列出了他們對美國公司行號如何對待LGBT員工與LGBT消費者的期許。接著他們以這些期許為基準，每年評估雇主。[17]

企業平權指數推行的第一年，在他們評估的公司行號中只有四%達到滿分。[18]滿分的公司包括英特爾（Intel）、摩根大通集團（JPMorgan Chase）和全錄（Xerox）。到了二〇一一年，五五%（共三百三十七間公司）已透過調整企業政策與福利系統而獲得滿分。[19]高分群的公司有些是傳統上較保守的產業，其中包括礦產與金屬大企業美國鋁業公司（Alcoa），石油天然氣企業英國石油、雪佛龍（Chevron）、殼牌石油（Shell）。相較之下，二〇一二年石油天然氣大企業艾克森是史上第一個被評為負分的企業，這家公司在接下來的兩年都持續同樣不及格的分數。[20]

企業平權指數這樣的排名競爭，給了企業重要動機以進行變革。二〇〇五年，美國國防承包商雷神公司（Raytheon Company）成為此領域第一個獲得企業平權指數滿分的公司。[21]雷神公司的成就獲得各界廣泛的讚美，特別是因為國防領域是男性、藍領工作階層所主導，傳統上這種環境容易讓LGBT員工感到格格不入。一年後，雷神公司的三個競爭對手：波音（Boeing）、霍尼偉爾國際（Honeywell International）與諾斯羅普格魯曼（Northrop Grumman），都推動改革以追平分數。[22]

隨著時間的推移，企業平權指數的要求越來越嚴格，以順應社會對LGBT族群待遇的期待。因此企業不得不持續改善政策才能保持競爭力。這是件好事，因為包容性需要持續的加強與監督。

許多公司的變革程度令人矚目。肯塔基州路易維爾市（Louisville）是個保守的城市，當人們討論LGBT包容性時，這不會是你腦海中冒出的第一個地方。酒業大亨百富門（Brown-Forman）也同樣不會是人們最常聯想的地方，這家公司旗下包括傑克丹尼（Jack Daniel's）和芬蘭伏特加（Finlandia）等品牌。但當它在二〇〇九年收到企業平權指數成績單，發現僅僅只有二十分時，百富門的高層注意到了這件事。百富門新上任的多元文化長（chief diversity officer）是拉爾夫．查伯特（Ralph de Chabert），他審查公司的每一條政策，努力提高他們的得分；他並且詢問其他公司曾動手修改政策的多元性部門，向他們徵求意見。

有人擔心提供同性伴侶福利或補助變性手術，會對企業造成高昂的花費，他駁斥這些人的迷思。無論如何，這麼多公司都在推動革新，問題變成「為什麼我們不做」？

百富門成為肯塔基州第一個取得企業平權指數滿分的公司。更重要的成就，發生在查伯特每天所見所聞的生活場景中。同志員工現在會帶伴侶參加公司舉辦的活動；有些同志員工告訴他，他們感覺在公司所受的接納程度比自家還高。這也反映在百富門的LGBT員工團體中，團體成員裡支持平權的異性戀成員比LGBT成員人數更多。異性戀員工開始了解，他們需要同志同事的程度，不亞於同志同事需要他們的程度。

「員工待在衣櫃裡耗費的成本多得多，只是你看不到它對公司的影響而已，」查伯特說。「公司原本可以獲得創造力、生產力與創新能力，現在卻白白流失了。這就是影響。」[23]

隱性成本

我們幾乎不可能用百分比數字來顯示喪失的生產力、或者用幾元幾分來顯示喪失的創造力。然而，有充分證據顯示，如果員工無法自在地在職場出櫃，公司必須付出沉重的代價。[24]

一九七〇年代早期，路易斯．楊恩（Louise Young）在奧克拉荷馬州一家大學教書。一九七五年，當學校長官發現她曾經去過一家女同志酒吧，他們決定不再續聘她。這個事件讓她成為一位活動家。她很快就在德州儀器公司（Texas Instruments）找到軟體工程師的新工作。一九九三年，她成立了德州儀器的LGBT資源團體。一九九六年，她說服管理團隊頒布一條反歧視政策，其中包含性傾向。但是第二年，德州儀器把航太國防部門（就是她工作的部門）賣給了雷神公司。雷神公司沒有類似的政策。楊恩又再次在一個缺乏基本保障的工作環境下工作。

在二〇〇一年的一場企業多元性會議中，楊恩代表LGBT資源團體出席發言。她決定討論工作生產力。演講廳的第一排坐滿了雷神公司旗下各家子公司的總經理，她只有三分鐘的演講時間。她描述自己發明的生產力指數，假設未出櫃的員工為了隱藏性傾向而造成一〇%的生產力損失。「我請各位在這次會議後回到自己的辦公室，把門關上。接著請你把自己家人、特別是另一半的任何蹤跡都抹除掉。把照片放進抽屜，拿掉結婚戒指。你不能開口聊你的家人、你們去哪裡度假。如果你的配偶或伴侶生了重病，你不敢提到你們的關係，因為你怕被炒魷魚。以上每一項都要辦到，然後看看你能多有生產力。」[25]雷神公司後來果然推動了包含性傾向、性認同、性表現的反歧視政策，並且擴大同居伴侶福利與LGBT員工的平等福利。

未出櫃的員工仍在與心中的恐懼拉鋸。然而，企業已做了許多變革，以減少恐懼產生的壓力。今天，公認高樂氏公司（Clorox Company）是美國對LGBT最友善的企業之一。自二〇〇六年起，這家公司年年獲得企業平權指數滿分的佳績。湯姆．詹森（Tom Johnson）從一九八八年開始在高樂氏公司工作，到現在擔任會計主任；在這段期間，高樂氏已歷經許多變革。在當時，高樂氏的反歧視政策並未包括性傾向。公司裡沒有LGBT員工支持團體，公司也沒有將同居福利擴大到同性伴侶。詹森剛開始在高樂氏工作的時候，他不認識任何公開出櫃的高層執行長官。他曾接受心理治療，才漸漸接受自己的性傾向；但他無論如何沒辦法將私人生活與同事分享。「當時高樂氏公司的領導階層比較保守，」他回憶道。「沒有任何跡象顯示，出櫃能對我的職涯有任何正面幫助。」[26]

在他晉升為副財務長後，他繼續待在櫃裡長達九年。在這段期間，他還記得彷彿被困在自己身體裡的感覺。他就像許多其他未出櫃的同志員工一樣，對週末的生活點滴說謊，也不敢說出自己有個長期伴侶的事實。他避免問別人的私生活，因為他們會很自然地反問他。他特別害怕公司簡報，因為他感覺自己在台上彷彿一絲不掛，非常在意自己的一舉一動。「我不知道自己會給別人什麼印象，所以我只會念稿，我在台上像塊木頭，」他說。「我負責企業併購，我希望能傳達內心的熱情，但事不如人願。我沒辦法做真實的自己。」

高樂氏公司是一家價值數十億美元的生活消費品公司。高樂氏鼓勵員工從個人經驗出發，建議公司推出什麼樣的新產品。詹森感覺自己好像穿著緊身衣。「我一直都先把想法過濾後才講出來，我經常在擔心『這樣講會不會讓他們發現，我跟他們不一樣？』」這種想法讓他消耗了很多能量，因此壓抑了很多好點子。

因為有像詹森這樣的故事，企業界開始越來越樂於採納同志友善政策，把它視為一種提高生產力的方法。[27]當公司推出這類政策，它們也同時鼓勵員工揭露自己的性傾向。根據人才創新中心（Center for Talent Innovation）的統計，在提供同性伴侶健康保險福利的公司，有多達三分之二的LGBT員工願意出櫃；未提供類似福利的公司，僅一半LGBT員工出櫃。[28]二〇〇九年的一份問卷，詢問未出櫃員工為什麼不願意在職場上出櫃，有將近五分之一的人明白指出，他們害怕因為自己的性傾向或性別認同而被排斥。[29]

這份問卷也顯示，出櫃能減輕心理壓力，也能改善員工健康。比如說，四四%的未出櫃LGBT員工表示在過去十二個月中感覺抑鬱；相對之下，在職場上出櫃的員工只有四分之一感到憂鬱。[30]因此理所當然地，未出櫃員工比較不滿意自己的工作。在未出櫃男同志當中，只有三四%表示他們對自己升遷的速度感到滿意；已出櫃的男同志則有六一%感到滿意。[31]

跨國企業渣打銀行執行長彼得．桑茲（Peter Sands）恰如其分地做了總結。他說，被困在衣櫃裡會「讓個人悲慘、對企業有害。在這個世界裡，商業成功的關鍵，在於解放人們的創造性能量與想像力；天生才智這麼多，沒有道理予以限制。」[32]事實證據都指向一個結論：如果人們可以在職場表現完整的自己，他們會感到更滿意、工作更有生產力。

出櫃不光是對個人有好處，也可以提升同事間的生產力。詹森說，當他躲在櫃裡，在他和自己帶領的高樂氏團隊之間彷彿築起一道牆。「我感覺自己在隱瞞著什麼事情，而別人也察覺到了，」他解釋著當時難以讓他人看見真實的自己。「這種閃避和不真誠的態度，造成了某種程度的不信任感，讓我的領導能力大打折扣。」

控制對照實驗的結果，佐證了這些人的故事。加州大學洛杉磯分校的心理學家發現證據支持他們的假說。當研究人員給受試者同樣的工作，與公開身分的同志配對合作的受試者，比起與同志身分曖昧者合作，會有更好的表現。[33]他們的結論認為：「不知道互動對象的身分，可能比知道身分更有損工作表現——即使這是個帶有汙名的身分。」[34]

支持ＬＧＢＴ平權的企業政策透露這家公司對待廣大員工的態度。ＩＢＭ的ＬＧＢＴ多元性執行小組共同組長克勞蒂亞．布蘭伍蒂（Claudia Brind-Woody），告訴我一個從招聘人員那裡聽來的故事。這位招聘人員代表ＩＢＭ參加一個針對許多知名商學院ＬＧＢＴ學生的ＭＢＡ（商管碩士）就業博覽會。這一天，好幾個亞裔女生到他的攤位拿公司簡介。他注意到這些女生出現的頻率高的不成比例，他叫住了其中一人。「你們不可能每個都是女同志吧，到底是怎麼回事？」他問。這位女生證實他的疑惑。「沒錯，我不是女同志。但ＬＧＢＴ是你們最難切入的族群。如果你們能重視、包容ＬＧＢＴ員工，那麼我知道你們也會包容亞裔和女性。」[35]

克勞蒂亞的故事呼應了其他的案例，大多數的異性戀專業人士開始關心企業對待ＬＧＢＴ員工的態度，用這一點來評估未來的工作環境。[36]許多人把ＬＧＢＴ員工的待遇視為企業重視多元性、包容性與創造力的指標。[37]

城市就像企業一樣，如果整體氣氛擁抱男女同志，城市更能欣欣向榮。社會學家理查・弗洛利達（Richard Florida）認為城市缺乏包容性，會造成經濟上的負面後果，因為城市將無法吸引所謂的「創意階級」。[38]經濟上的成功，仰賴對新觀念與新人口敞開心胸。最有創新力、有才能的工作者，會聚集到多元與開放思想的地方。弗洛利達發現，如果我們想預測一個地區在高科技方面的成就，最有效的指標是同志族群的大小，甚至比外國出生的住民密度指標還有效。[39]美國同志伴侶密度最高的五個大都會，都是成就最高的地區。[40]他也發現，成長緩慢或零成長的地區

（例如水牛城和路易維爾市），同性伴侶的密度也偏低。「明白地說，一個男生可以和男生牽著手走在街上的地方，大概也會是印度工程師、身上刺青的軟體怪胎、外國出生的實業家感覺自在的地方，」弗洛利達寫道。「當來自不同背景、出生地、態度的人可以碰撞出火花，擊出經濟全壘打的機率也會大增。」[41]

許多經濟學家也在世界其他地方展開研究，探討對同性戀的包容與經濟表現的相關性。彼得森國際經濟研究所（Peterson Institute for International Economics）所長馬可斯．諾蘭（Marcus Noland）發現，國家對男女同志的態度與該國吸引海外投資的能力、國家債券的評比有高度相關。[42]他認為，國家對同性戀的態度可能是「社會對異己與改革之整體態度的一部分，特別是來自非傳統源頭的變革。」[43]海外投資者也可能將缺乏包容的態度連結至「不友善的官僚，更極端的情況下則是攻擊外國企業設施或員工。」在另一所研究機構，政治科學家羅納德．英格哈特（Ronald Inglehart）表示，對男女同志的包容是檢驗先進社會之健康程度的最敏感指標，因為同性戀通常是「在大多數社會裡最不被喜歡的族群。」[44]換句話說，他把同志稱為多元性的最後邊界。

隱性汙名

在英國石油的時候，我曾經以為待在櫃裡的生活，是幫助我訓練培養解決非常複雜問題的能力。我可以像雜耍一樣同時拋接那麼多顆球，保證它們彼此不相撞。我活在兩個自我封閉的世界，在少數時候兩個世界不得不互相接觸，我盡全力讓兩邊各自回到軌道。要讓雙方歸位，我得過濾自己說過的每句話以確保前後一致，還要小心留意他人對我的觀感。

任何一個懷抱著可能暗藏危險的祕密長大的人，都會培養出類似的技能。心理學家認為，有些人帶著的汙名是可以隱藏的（包括同志、強暴受害者、飲食失調症患者、貧戶），這些人會極端小心地監督自己的社交環境，學習操縱自己的公開形象，以因應瞬息萬變、難以預測的社會處境。[45]這也暗示著進入商業界的同志有一套獨特的技能，他們可以使用這些技能來幫助公司和自己的職涯發展。

作家柯克・史奈德（Kirk Snyder）在其著作《同志商數》（*The G Quotient*）中

指出，身為邊緣人的成長經驗可能會培養出其他技能，包括適應力、創造力與直覺。[46]心理學家認為，當同志違抗社會預期而擁抱自己的性傾向之時，他們的觀察力會隨之提升。這樣的經驗迫使他們從很小的時候就開始不斷思索自己的感受，也不斷考慮別人的感受；從父母、手足到陌生人，每個人都可能會排斥他們。他們在種種情境下摸索前進，時時評估後果，最後會產生高度的自我警覺。[47]

在此同時，他們擅長於閱讀人們與情境。這種處理資訊的能力，可能是身處反同志的暴力環境（或者自身設想的反同志暴力環境）下的適應機制。[48]精確指出威脅所在的能力，成為生存的必要條件。另外，尋找可能交往對象的漫長過程，可能打造了估量判斷他人的能力：究竟誰是同志、誰不是，並不總是那麼明顯可以一眼看出來。

同志從種種磨難中鍛鍊對周遭的敏感度。這或許可以解釋同志經理人顯然特別能鼓舞員工。史奈德花了超過五年的時間研究三千名以上的員工，發現與男同志經理人共事的員工，其工作滿意度明顯高於典型的美國員工。他很驚訝地發現，當全美各地工作滿意度都在節節下降的時候，同志經理人帶領的員工似乎如魚得水。後續的研究與面談顯示，這些員工的心情並非反映經理人的性傾向，而是某種領導風格。[49]

「因為同志經歷過的人生體驗，他們更能珍惜單親媽媽、有色人種以及各種多元面貌，」他說。「我們的研究證實，他們更能激勵人心，也更能專心地把每個員工當成單獨的個人對待。」[50]

市場

二〇〇八年，康寶湯公司（Campbell Soup Company）希望能針對LGBT開發客群，於是在美國發行量最高的同志雜誌《倡議者》（*Advocate*）上刊登一則廣告。這則廣告在這年十二月初次問世，廣告主角是一對女同志伴侶與兒子，一起用康寶產品史雲生雞湯準備晚餐。推廣基本教義派基督教價值的右翼組織「美國家庭協會」（American Family Association）表達了強烈的反對。美國家庭協會聯絡了協會電郵群組裡的三百萬人，請他們寫信給康寶湯公司的執行長，表達他們的憤怒。「康寶湯公司開始公開幫同性戀運動者推動他們的議程，」電郵裡寫道。「這個廣告不只花了康寶一大筆錢，而且也透露出同性戀家長可以組成家庭且值得支持的訊息。他們也默許了同性戀的全套議程。」[51]

美國家庭協會的活躍份子開始用負面評論轟炸康寶湯公司網站。他們說再也不會買康寶的湯了，而且會把已買的產品退回當地商店。康寶當時的執行長道格拉斯．科南（Douglas Conant）向他的多元文化長蘿莎琳．歐尼爾（Rosalyn Taylor O'Neale）求教。她回憶當時給了他兩個建議。

「第一件事，」她回憶道。「你要知道這件事也會過去。這個議題只會持續二到四個星期，時候到了他們就會去糾纏別人。等它自然消退吧。」她的第二點強調，當初刊登這個廣告對企業的重要性。「我們在《倡議者》登廣告，因為我們要賣湯給同志族群，我們希望LGBT族群都買湯、餅乾，還有我們所有其他產品。我們要向他們解釋，我們也在西語裔和拉丁裔刊物、非洲裔刊物和女性刊物刊登廣告。

要登廣告，本來就要登在消費者閱讀的刊物上。」[52]康寶湯公司堅守自己的立場，成千上萬的消費者寫信來感謝他們，抗議最後終止了。

針對多元族群的行銷策略，不管對什麼企業來說都是非常重要的：企業如果要成長，就必須盡可能地接觸更多新的消費者。LGBT族群過去不被行銷人員重視，因此成為十分重要、也往往相當可觀的市場機會。男女同志的可支配開支在逐年上升。在二〇一三年，美國LGBT市場的整體購買力，估計達到八千三百億美元；[53]二〇一〇年只有七千四百三十億美元。[54]在英國，同志市場估計價值至少七百億英鎊。[55]福特汽車前財務長艾倫．吉爾莫在描述福特針對同志族群的行銷策略時，曾說過這段著名的話：「我知道很多男女同志都會買車。我只是要分到屬於我的一杯特大號的羹。」[56]

每個人都打著同樣的算盤。五八%的LGBT成年人表示，如果有公司直接對他們行銷，他們就比較可能購買這些公司的日用品與服務。他們的心聲企業都聽到了。[57]近年來，行銷活動已從同志專屬刊物轉移到主流雜誌，從同志專屬電視台到主流頻道。

二〇一二年，零售業巨頭傑西潘尼百貨（JCPenney）聘用艾倫．狄珍妮擔任全國代言人。傑西潘尼的執行長在一場投資者簡報會中，稱這個決定為更大改革的一部分，目的是讓這家一九〇二年成立的百年公司繼續吸引年輕人。「我們不介意公司越來越老，」他說。「但我們介意越活越停滯。」接著，傑西潘尼推出父親節廣告，主角是一對男同志與他們的孩子玩耍。

美國第二大釀酒廠米勒庫斯（MillerCoors）曾刊登一系列的紙本與電子廣告宣傳庫斯淡啤酒，主角是年輕的同性伴侶彼此跳舞、觸摸肢體，標題下方寫著「出櫃如此清爽」（Out is Refreshing）。服飾連鎖公司GAP曾推出公路看板廣告，主角是兩個男人共穿一件T恤，標題是「結為一體」（Be One）。

位於華盛頓特區的衛特通信公司（Witeck Communications）總裁暨創辦人鮑伯．衛特（Bob Witeck），專攻LGBT行銷領域超過二十年。他曾幫助美國航空

（American Airlines）與萬豪國際集團（Marriott International）等企業，擬訂針對同志家庭的行銷策略。他說，當公司推出針對同志消費者的廣告之同時，也向廣大市場表示，我們跟得上時代、思想前進、與現代生活息息相關。對希望能吸引年輕消費者的企業來說，這一點是至關重要的。即使在最保守的社交圈裡，年輕人仍比他們的父母更能接受LGBT族群。「他們想認識同志族群，」他提到現今的青少年和二十多歲年輕人。「LGBT行銷不只是影響五至八%的人口，而是五〇至七五%希望能見識世界各地同志的一般大眾，他們歡迎同志老師、同志好友或同志表兄弟姊妹。」[58]

光是買下公路看板、貼上男同志的照片不會帶來長久的影響。同志消費者也越來越能看穿吸引人的花招，相反的，他們希望見到對LGBT議題持續且真誠的使命感。這也是為什麼人權運動基金會在二〇〇六年推出「用消費支持職場平等指南」（Buying for Workplace Equality Guide）後立即大受歡迎。它用企業平權指數把公司企業分成三類。分類的目的是影響人們的購物決定，參考這份指南的消費者超過數百萬名。「我們隨時都接到讀者來信告訴我們，他們依照消費者指南來做購物決策。」人權運動基金會職場平等計畫主任蒂娜・費達（Deena Fidas）說。「比如說，『我和另一半在決定要買豐田汽車或其他廠牌，我們最後選了豐田，因為他們在消費者指南上的分數比較高。』」[59]

比爾・莫藍（Bill Moran）是美林證券的全國LGBT金融服務團隊主任，這個團隊專門負責滿足同志特別的退休與稅務規劃需求。「這是個巨大的契機，」他說。「如果你觀察每一個利基市場，只有一個有獨特的法律與稅務考量，其他市場可沒有。」[60]

異性戀財務顧問經常詢問莫藍，希望能學習如何進入這個領域。「他們會說，『我一個異性戀男生打得進這個社群嗎？』我的回答是，『當然，只要你用心。』如果你進這個領域的理由，只是為了這裡的財富，那你是不會成功的。」

如本章所述，企業越來越注重包容LGBT族群。在企業董事會裡，有越來越多的執行高層不但了解，更重視吸引、支持LGBT員工的重要性。然而，如果我們假設每個企業都真心誠意、或都出自善意，那就太天真了。企業並不是這麼運作的，我們不該用人性的特徵來描述企業。相反的，我們應該專注於推動變革的要素。

法律進展（例如美國最高法院推翻婚姻捍衛法的決定）會滋養動能。隨著一個個領導者與員工分享他們的成功故事，並明確地將成功故事聯繫到支持環境，世代變遷也會增加動能。然而，正面的故事與鼓舞人心的案例還不夠。關心改革的人必須強調多元性對「商業」的好處。無論如何，將LGBT多元性與包容性連結至經濟發展，是改革最重要的推手。

我認識跨國廣告公關公司WPP集團執行長馬汀・索洛（Martin Sorrel）超過二十年，我知道他個人支持LGBT平權。但他是個聰明的生意人，所以他也了解客戶推動LGBT包容性的實際操作層面。「同志社群的經濟能力，已經強大到讓人們會先深思熟慮後再開口。而一旦他們開口，他們會做出對的事情來。」他說。「我感覺，我們的環境有變好了。」[61]

CHAPTER 6

出櫃的好處

以我自己為例，我的出櫃過程是逆向的。在理想的狀況下，我會先建立自信，將我的性傾向告知我的朋友與同事。對話發生的地點應該離新聞鏡頭遠遠的，對話的內容也應該在我的掌握中。接著，我會接受英國石油的新聞關係團隊的建議，在充分控制的情況下公開身分。

相反的，新聞報紙揭露了我的身分。在媒體災難過後，我才開始透過朋友與旁人的幫忙，建立我的內在力量。雖然環境條件不理想，卻是塞翁失馬焉知非福。我長期以來努力分離的雙重生活終於合而為一，我可以公開與我的伴侶同居。心理學家會說，我分離的人格已融合為單一、完整的個體。我用更簡單的話來說——我的生活變簡單了。

幾年後的今天還是有人會問我，如果我在職涯早期就出櫃，是不是還能升到執行長的位置。我的答案是，我不知道。我一直給自己藉口避免說出實話。我以為無論在社交層面或專業層面，出櫃都是不可接受的。我永遠不會知道我的想法是真或假。

活在櫃裡帶來的猜疑會讓人心生不安，蒙蔽他們的判斷力，讓他們用超乎理性的誇張態度看待恐同玩笑或偏見。他們也會因此進行太過複雜的分析和準備，只為了找到職場上的完美一刻出櫃：也許等到他們下次升遷；等到媒體在專心追逐其他新聞的時機；等找到完美的公開場合；或等到他們有了互相承諾的關係，可以給異性戀同事看看，他們的生活也沒那麼不同。

這太短視了。個人的環境條件會變，但永遠不會有方便出櫃的時間。倫敦臨床心理師希里・哈里森（Siri Harrison）醫師為金融服務業的未出櫃男女同志提供諮詢服務。她見過許多已準備好在職場出櫃，但缺乏意願的患者，她在他們之間見到一個共通的模式。「感覺好像大家在等著某個他們不再焦慮和擔憂，也不會覺得奇怪的時刻，」她說。「這是不可能發生的。」[1]因為男女同志向來是邊緣化的一群人，「出櫃的過程通常都會激起焦慮與恐懼。」這些情緒是改變與不確定性的副產品。

考慮出櫃的男女同志必須在自己選擇的時間出櫃，他們也必須對自己的決定感到舒服且安全。同時，有個實際的態度是很重要的——不可能完全避免不舒服的感覺。然而，出櫃提供了戰勝不舒服感覺的機會。

「這樣不是很慘嗎？」

麥可．費德曼（Mike Feldman）在一九七〇、一九八〇年代的紐約州郊區長大，他沒有任何同志典範可供學習。「那時沒有《威爾與格蕾絲》或艾倫．狄珍妮，大眾無時無刻都在對同志和愛滋病發表負面評論。」他說。當他七歲時，一對男同志到費德曼家附近的一家餐廳用餐。「我母親說：『這樣不是很慘嗎？』」他回憶道。「她非常天真，對同性戀一無所知。她的這句話烙在我心中很久很久。」[2]

到了一九九〇年代早期，二十歲出頭的費德曼在馬里蘭州的惠普（Hewlett-Packard）工作，同事說的話更是尖銳。他記得有一次，有位同事講到去加州旅行。「真是不可思議，」他回來時說。「每個人都是同志，而且穿著短褲上班。」

這類言論十分輕率，但並沒有惡意。費德曼把它們放在心裡，在惠普的十五年工作生涯，他繼續在衣櫃裡度過。他當時告訴自己，他的個人生活與他的工作表現之間沒有任何瓜葛，所以保持祕密是合情合理的。現在回想起來，他覺得害怕被同事排斥的心理讓他做出了這種決定，這股恐懼對他的日常生活造成了深遠的影響。他不願與同事討論個人生活，回答問題時也閃閃爍爍。他經常出差，同事會問他，誰來幫忙照顧他的黃金獵犬。他沒有說他的伴侶會在家照顧，相反地，他回答說有朋友會照顧狗。他努力地閃避別人對他私生活的詢問，因此他也從來不曾過問別人的私生活。

同事們看待他的方式開始分成兩種。有些人覺得他很片面、很無聊，是個「只顧往上爬的事業狂」。其他人懷疑他可能是同志，覺得他龜縮在自己的殼裡很可憐。可憐後來慢慢變成了厭惡。「他們會想，『如果他瞞著這件事，或許他也在瞞著別的事情』，」他說。「我在四面八方都陷入絕境，更無法建立任何人際關係。」

二〇〇一年，他向家人出櫃。家人立刻接納了他。二〇〇四年，他的公司換了位置，雖然他只是個主任，他的秘書不知怎樣幫他弄到了一個角落辦公室，這種辦公室通常只保留給較高層的行政人員。為了慶祝搬遷，他帶秘書去吃飯。幾天後，秘書拜訪他的公寓，當他提早送她回家時，秘書大發雷霆。「『你知道我是喜歡你的，你卻竟然哄我上鉤，』她說。我不想傷她的心，所以我說：『佩姬，我是同志！』她說：『感謝老天！』」因為這不構成個人侮辱，讓她鬆了一口氣。

與自己的秘書建立真誠的關係是個好開始。下一個轉折點是費德曼所屬部門的主管向員工提出季報的時候。這份季報包括財務狀況與公司其他活動，其中包括公司將成為LGBT職場平等組織「職場出櫃平等倡議者」（Out & Equal Workplace Advocates）的贊助商。「我從沒有在投影片上看過『同志』這個字，」他回憶道。「我們主管的直屬上司是公司執行長，他是印度裔，他為LGBT社群做了這麼多有目共睹的事情。我坐在現場，感到非常羞愧。」

費德曼與他的直屬主管之間保持良好的工作關係，超過二十年。但主管的保守觀念讓他深感緊張。費德曼想當面告訴他實話，但他無論如何鼓不起勇氣。於是他改寄電子郵件給主管。「我說，『相信這是我該出櫃的時候。也是我好好當個楷模的時候了。』」

四個小時後，主管回應他。他清楚的表明，費德曼出櫃不會影響他在公司的地位，主管仍十分看重他對團隊的貢獻。他也希望費德曼回答一個問題：他想知道，為什麼費德曼等了這麼久才說出自己是同志而且有另一半的事實；他還問費德曼，他是不是做了什麼事或說了什麼話讓他感到不舒服。「現在當你出差時，我不會那麼有罪惡感了，」主管寫道，「因為我知道有人會照顧你的狗。」

透過電郵或信件出櫃提供了重要的緩衝空間。一方面，出櫃者有機會適應出櫃這個決定的重要性，而不需立即處理任何負面反應。另一方面，接收訊息的一方，特別是一些可能感到不舒服的人，可以在私下處理所有的情緒。

針對面對面溝通，特別是可能引發焦慮的交談，哈里森醫師建議患者列出二到三個重點。這些重點可以是「我是同志」、「這是我不能改變的事實」這麼簡單的幾句話。哈里森相信，這樣做可以幫助她的客戶保持頭腦清晰，而不致成為別人負面反應的「犧牲者」。出櫃的人必須讓對方用自己的方式做出反應，即使有時是不好的反應。如果任何一方需要離開冷靜一下，兩方就應該分開。兩人之間不需要立即重建新關係。「針鋒相對的對話可能會變成一個漩渦，情況變得複雜到出櫃者本身無法好好思考，」哈里森說。「他們可能會結結巴巴，或以為自己講了太多細節或講得不夠多。在第一次出櫃時，盡量簡單，這樣你才能在不確定的環境下掌握好自己。」

費德曼沒有遇到任何不友善的對話。他沒有直接告訴他的屬下，他選擇在對話中自然提到他的伴侶。「他們很感謝我終於說出來了，」他說。他推倒了心中的高牆，開始建立更有意義的人際關係。他後來也在惠普連續獲得三次升遷。脆弱與焦慮的感覺逐漸消失，取而代之的是對自己生活的掌控感，還有希望能在生活各個層面都坦然做自己的渴望。

二〇一三年，他與全錄執行長和五位執行高層面試。每場面試，他都談到自己的伴侶。「我這麼做，是因為我想測驗他們的反應，」他說。「我想知道這家公司是不是個重視多元性的地方、這是不是我想加入的公司。他們的態度都很好，並不在意我有個伴侶。」幾週後，他接受了資深副總裁的職位。不到六個月後，他被升為總裁。

「我們的苦難各不相同」

二〇一一年六月，全球媒體已預告貝詩・布魯克（Beth Brooke）是全世界最成功的女性企業家之一。她從一九八一年起加入安永會計師事務所（Ernst & Young），中間曾經短暫離職進入美國柯林頓政府財政部。她後來重回安永，最後成為安永全球公共政策副總裁，掌管安永在一百四十個國家的政策營運。在這些年裡，她透過世界經濟論壇和聯合國鼓吹女性議題，《富比世》（*Forbes*）在六個不同的場合將她列為全世界最有影響力的一百位女性之一。在眾多稱譽之下，她希望「人們只看到她身為成功專業人士和成功領導者的那一面。」[3]五十二歲的她，不希望人們知道她是女同志。

在她的職涯起步時，她曾嫁做人婦十三年。身為離婚者，她一直有層天然的掩蔽。「在職業生涯開始多年後，我才開始思考，『我確實過著同志的生活方式，而且現在我得刻意隱瞞。』」她說。[4]即使如此，她覺得自己的私生活就是私生活，隱瞞應該不會對她的工作表現有任何影響。

二〇一一年二月，安永事務所的LGBT員工資源團體「超越」（Beyond）會長來找布魯克，希望她能出面支持「崔佛計畫」（Trevor Project）。崔佛計畫是以避免年輕男女同志、雙性戀或跨性別者自殺為目的，而成立的非營利組織。安永事務所的LGBT員工，會在影片中短暫聊聊自己出櫃後的生活有何改善。布魯克記得自己搭飛機時、讀著她的腳本，內容把她描寫成一位異性戀支持者。「我想，

『我怎麼能這麼虛假？』我將要對著一群坐在家裡，心中為自殺念頭所苦的孩子說話，我卻要告訴他們滿篇謊話。我不會這麼做。」她重寫了自己的腳本。第二天，她將新的腳本交給提詞機操作員，腳本裡面寫著：「我了解你的感受。我是同志，而且我為這件事苦惱了很多年。我們的苦難各不相同，但我們都在苦難中掙扎。」

這段影片要到一個月後才問世，第二天早上，布魯克將代表安永事務所接受崔佛計畫的頒獎。考慮到她在安永的職位，她預先通知了幾個同事，告訴他們自己即將出櫃。在她的受獎感言中，她談到自己在影片中的角色。當她說到「身為一名同志領導者」，全場觀眾起立鼓掌，長達五分鐘。她停止演講，開始拭淚。「在我的心中，我是個懦夫和偽善者，因為我這輩子五十二年的生命、三十一年的職業生涯中，一直躲在衣櫃裡，」她現在這麼說。「因為觀眾絕大多數是同志或對同志友善的人，我以為他們的反應會是：『所以呢，這些年妳上哪去了？為什麼妳現在才突然覺悟講出這件事？』我發現同志社群都知道，這是個人的獨特經歷，會給予尊重。每個人應該選在最適合自己的時間、用自己的方式出櫃。」

多元文化的典範

出櫃是一件複雜而且私密的事情，沒有什麼規則可適用於任何人和任何情況。在倫敦出櫃，風險也許是丟臉尷尬、恐同謾罵或企業關係損害；在莫斯科或坎帕拉（Kampala）出櫃，風險則是肢體攻擊與公開羞辱。

然而，在支持度相對較高的環境中的未出櫃員工，他們出櫃的後果很少有他們想像的那麼糟。「人們應該跳出這種受害者心理，」滙豐銀行資深銀行家安東尼奧・西摩斯（Antonio Simoes）說。[5]他認為，「至少在英國這類國家，大多數人必須認清這種恐怖故事只是杞人憂天，不見得真的會發生在自己身上。」[6]

從二〇〇〇年的夏天起，西摩斯就是出櫃同志，那時他還在倫敦高盛集團擔任協理。在他從協理晉升到現在這個職位的期間，他逐漸將自己的性傾向視為一種資產。他向高盛集團人力資源部出櫃，討論那年夏天他和伴侶在倫敦的住宿問題。那時高盛的支援人員中有幾個公開身分的同志，但西摩斯想不起來那時有任何一個公開身分的同志銀行家。「突然間，我變成了銀行界多樣性的模範人物。」他說。「在商學院的多元文化活動中，我會被恭迎進場。企業在校園中的邏輯似乎是『看看我們多麼酷、多麼多元。』」隨著大企業紛紛出現在LGBT徵才博覽會上，他進一步相信出櫃是正確的選擇。企業不只是對同志員工敞開雙手，更是積極吸引他們。

隨著他的職涯演進，西摩斯公開同志身分的決定至少對他產生了三種好處。第一，公開自己的性傾向提高了他的個人聲望。因為有人會對出櫃持負面看法，所以「大家會覺得我夠聰明，表現也夠好，所以不需要擔心任何負面後果。」第二，當西摩斯成為顧問公司麥肯錫（McKinsey）的組長時，員工們認為他的出櫃增加了某種「酷元素」。他是倫敦分公司唯一出櫃的合夥人，也成為唯一贊助員工資源團體「麥肯錫男女同志」（GLAM）的執行高層。「我現在的先生和我一起參加所有活動，所以我公開得明明白白，」他說。這讓同事們感覺西摩斯是個輕鬆好相處的人，因此人際互動更為順暢。

最後，西摩斯相信他的真誠可以抹平同事間的障礙。「大家相信我，因為其他人認為不那麼容易處理的事情，我卻能理性而坦率地處理。」他說。有些領導者會聊他們的五歲小孩和太太，西摩斯會聊他的先生和他們養的狗。「當有人想問你太太，你卻迴避問題，你多少有種慚愧的感覺。你對自己不滿意，別人能察覺得到。」

我知道，未出櫃的員工往往相信出櫃會讓他們無法爬到金字塔頂端。西摩斯似乎打破了這個迷思。幾十年來，大家都認為銀行界充滿了汲汲營營踩著別人往上爬的男性。但世界在變，銀行界也在變。「我們不再接受恐同行為，」當他提到年輕一代時這麼說。「事情正好相反。我認識的大多數銀行家還會特地來告訴我，他們多麼能接受我的性傾向。」

我曾經以為，隨著我在英國石油的職位越高，出櫃的危險性就越高；因為越是高階的位置，社會能見度就越大。我現在發現事實剛好相反。「有時如果你無法對個人私生活的某些部分開誠布公，將會是嚴重的負累。」西摩斯說。「『我的私生活是私生活』、『我的專業生涯是專業生涯』，這種事是不存在的。大家不會信任你，甚至可能會拿來當作攻擊你的理由。」

女同志也有類似的經驗。凱若・喀麥隆（Carole Cameron）是加州桑尼維爾鎮航空業大廠洛克希德馬丁（Lockheed Martin）的機械工程高級經理。當她在一九九〇年代早期加入這家公司時，在那裡工作的朋友建議她把小卡車上的彩虹貼紙拿掉，低調行事以免被攻擊。但她說，入櫃要花太多精力，她無法辦到。相反的，她沒有對外貌做任何改變，穿著男性服裝上班。她獲得了六次晉升機會。「也許當你身為公開的同志，會有壓力要求你表現更好。」她說。「如果我表現得普通，可能會被人歧視也不一定。」[7]

心理研究顯示，當提到同性戀時，大多數人會聯想到男同志而非女同志。[8]因此，男同志可能比女同志更容易遭受同志相關的刻板印象與汙名所累。異性戀男性似乎比較容易與女同志交談，而不容易和男同志做朋友。[9]雖然喀麥隆的經驗不能套用在所有女同志身上，她相信在以男性為主的產業裡出櫃，事實上幫助了她與異性戀男同事建立關係。「我這輩子以來，異性戀男性都很信任我，」她說。「他們感覺非常安全。很多人因為競爭感與壓力，不會告訴其他男性自己的想法或感覺。此外，他們不願意與異性戀女性講話，因為有異性相吸的可能。」

出櫃同時也阻斷了不請自來的性邀約。美國銀行美林證券的茱莉亞·哈格特這樣形容：「有些男性，但不是全部，在職場與女性互動時，可能會讓人感覺他們的意圖在於測試她們是秘書、同事或未來女友。幾乎在任何環境下，特別在需要長時間工作的產業裡，當你把很多人放在同一個地方工作，這是自然會發生的事。身為公開同志的最大好處，就是從來不會面對這類問題。所以你和男同事的關係，從一開始就是公事公辦。我與男同事的關係通常都比較輕鬆、比較直接、友情也比較真誠，因為兩人之間沒有曖昧。說也奇怪，我感覺身為公開同志不但沒有讓我吃苦，事實上反而讓生活更輕鬆了。」[10]

出櫃也讓人更容易邁出第一步。據說有少數（但越來越多）的異性戀商學院學生，在招聘者面前表現出ＬＧＢＴ的樣子，因為他們認為這樣可以利用同志的優勢。伊凡・馬索（Ivan Massow）是位創業家，致力於創造英國的LGBT金融服務市場，他很了解為什麼學生會這麼做：「針對同志學生和同志求職者的博覽會比較多。他們有更多機會受邀到高盛集團的LGBT日，與高盛的合夥人面對面談話。他們去參加見面會，與一個可能是同志的好男人調情，然後快速地建立親密感。他們能夠建立關係，能被面試官記得，能獲得回撥電話或寫電郵的權利。如果你來自平平凡凡的背景，與所有其他男孩女孩競爭時，上面每件事情都要難得多。當你必須排除萬難時，這確實是個優勢。」[11]

跨性別的禁忌

二〇〇二年，馬克・史東普（Mark Stumpp）在位於紐澤西州紐華克的保德信金融集團子公司——量化管理諮詢公司（Quantitative Management Associates）擔任投資長。史東普管理三十五名員工，他同時代表退休基金與投資者管理三百二十億美元的資產。有一天，當四十九歲的史東普與公司共同創辦人討論研究內容時，提到他將動變性手術，改名為瑪姬。他的老闆微笑，但顯然這段話讓他震驚不已。

「他說：『瑪姬，我們愛你，無論你想做什麼都沒關係。』」史東普說。「然後他像卡通裡的嗶嗶鳥一樣奪門而出，跑到酒吧去。那天後半天我都沒有再看到他。」[12]

這個彆扭的對話是他一輩子憂心的最高點。從史東普小時候，她一直都想當個女孩。她上天主教學校，三年級的時候就被父母發現她穿女生衣服。他們從沒討論過這件事。當她長大，史東普會上圖書館尋找有沒有書籍能解釋自己的內心世界，結果一本都找不到。一九八〇年代早期，治療師告訴史東普，她不是跨性別者，她是拒絕接受自己的男同志。但隨著時間過去，她漸漸在網球選手蕾妮．理查茲（Renée Richards）與歷史學家兼旅行作家珍恩．莫里斯（Jan Morris）等跨性別模範人物中找到自己的形象。

接受自己的處境，與直接面對它是兩回事。「這個題目太禁忌，只要你一提起，別人就把你當成亂吼亂叫的瘋子，」她說。她聽過許多在工作期間變性的跨性別員工，其中大多數最後都被解雇了。史東普與自己做了個約定。她要賺越多錢越好，離開保德信金融集團退休後再變性。在此同時，她得忍受心中的不滿與壓力。

二〇〇一年九月十一日，恐怖分子攻擊世貿中心的事件改變了她的觀點。「人們在這天醒來，出門上班，沒有再回家。我改變了我的人生道路。我原本計畫在退休後做的事情，變成必須越快行動越好。」

史東普對自己的未來不樂觀。她想，在最好的情況下，主管們會留她五年，最後悄悄地把她掃地出門。他們心胸開明，但無從選擇。投資管理這一行是建立在信任上。「如果對你的穩定性存疑，沒有人會把上億的金錢交給你投資。」她說。「我很擔心，如果我們公司的投資長個人要做出這種改變，客戶可能會把我們視為危險的企業。」

史東普這樣想著，所以決定將自己的變性決定作為公務議題看待。在與共同創辦人討論後幾天，她幫同事擬定了一份計畫。她提議把直接面對客戶的工作交給別人，自己退居幕後多做研究。她清楚的未來計畫，讓她的資深同事們鬆了一口氣。當史東普離開幾個星期接受手術時，公司共同創辦人找來史東普團隊的所有成員，向他們解釋她的轉變。在她還在醫院恢復時，他已為她回來的那一天做好了準備。

史東普的變性過程十分特別，不光是因為她在公司的職位。在那個時代，絕大多數的跨性別員工都會先離職、變性，再到新的地點以新的身分重新出發。史東普的轉變不光是影響了自己，也影響了她的同事。

她與雙性戀、男女同志員工不同，她的出櫃不是發生在一夜之間。史東普必須與法律、行銷團隊合作，更改法律文件與共同基金說明書上的名字。因為投資管理界受到高度管制，她的轉變必須通知所有客戶。絕大多數的客戶毫不在乎。他們很高興史東普讓他們的資產增加，沒必要因為她個人生活的改變而找上別家公司。有些客戶要求與她見面。「他們想盯著我的眼睛，確定我沒有精神錯亂。」她說。

也許最大的一場試驗，來自一個投資機構──他們要求先與她會面，再更新合約。「他們不想在他們的辦公室與我會面，因為擔心我看起來會像個穿洋裝的卡車司機。」她回憶道。所以史東普和他們約在一家牛排餐廳見面。當她抵達，一桌男人立刻開始喝酒。酒過三巡後，顯然他們仍有默契，即使史東普穿的是洋裝而非西裝。「喝過幾輪酒後，坐在我隔壁的男士側身過來說：『你知道嗎，在男生的眼光裡，你看起來還不差。』我們那天很開心，這段關係得以延續。」

這段關係更是生機蓬勃。在接下來的十年中，史東普管理的資產從三百二十億美元增長到超過一千億美元。客戶本來可以移到別處投資，但他們決定把資金持續投入保德信。「有些人認為變性會讓公司陷入風險或讓顧客不自在，我的經驗打破了這個迷思。」史東普說，她現在是保德信的資深顧問。「無論何時我和投資機構見面，他們都想知道我們現在的工作內容。變性這整件事連附註都談不上。」

並非人人都是異性戀

我很清楚地知道，LGBT員工不願出櫃的一個重要原因，是害怕冒犯他們的同事。人權運動基金會二〇〇九年的一份報告發現，未出櫃的受訪者中有一半表示他們擔心出櫃會讓別人感覺不舒服。[13]二四%的人相信，他們的同事會認為透露性傾向或性別認同是不專業的；三分之二的人表示，他們的性傾向「和別人無關」。[14]許多LGBT人士因為擔心會嚇跑朋友和同事，選擇避免在各種情境下以真面目示人。無論何時，只要他們閃避關於私生活的問題，或隱藏關於自己的重要細節，他們都在為了他人的舒適而犧牲自己的舒適。

他們有這種想法是很不幸的；我以前也這樣想。在某些場合，討論同性戀仍會讓人皺眉，而討論異性戀不會。異性戀宣告自己性傾向的頻率之高，很多人渾然不覺。他們宣告性傾向的方式，包括討論自己的先生和太太、在辦公室放結婚照片、帶著另一半出席公務活動。當傑夫談到他的太太安娜時，大家不會想到性傾向。但是當麥可談到他的伴侶路克時，同樣的聽眾裡卻可能會有些人認為麥可討論自己的性傾向十分不恰當。

這種想法的來源，是許多人假設大家都是異性戀。出櫃永遠不會畢其功於一役。身為公眾人物的好處之一，是你很少需要出櫃超過一次。然而，對大多數公開身分的同志員工來說，當他們認識新客戶、新同事或換工作的時候，他們必須一次又一次地出櫃。

抵抗走回衣櫃的誘惑是很重要的。哈格特的規則很簡單：如果有同事或客戶公開自己是異性戀，她就公開自己是女同志。「如果有人告訴我，『我們回家時，小孩踢完足球一身髒，我太太因此有點不高興』，我也會和他聊我的情況，我和我的家人也有類似的經驗，」她說。「不時會碰到有人說，『為什麼你要告訴我這件事？』我說，『因為你對我說了一樣的事情啊。』我碰過的許多人從沒從這個角度想過這件事，但我相信對大多數的同志來說，感覺確實是這樣的。」15

哈格特既有想法也有自信。她不是在乞求別人的認可；就如同異性戀男人在討論自己的太太時，也並沒有要旁人認可的意思。她不過是分享資訊而已。她的異性戀同事在螢幕保護程式和桌面放了孩子的照片，她也照辦。這麼做可以讓她與陌生人開啟對話，討論起她的家庭。性傾向不單單是性事，而是關於一個人與誰、並且用什麼樣的方式共度人生。這麼做，意味著同志員工可以掌握自己的身分。他們不再因害怕被發現而畏縮，相反地，他們用自己的方式分享自己私生活的點滴片段。

蘿莎琳．歐尼爾是紐約市的一位多元文化顧問。她相信，在她諮詢的任何工作場合，她的職責是為ＬＧＢＴ人士創造安全感。當她第一次與新客戶或新同事談話時，她一定會提到她的太太，讓他們「有機會消化新資訊，知道有些女生有太太，而有些男生有先生。」[16]

她不在乎自己是否聽起來像是個好鬥的同運人士。她對出櫃的使命感來自至少兩次經驗。第一是她的成長背景，是在一九五〇年代公共廁所還保持種族隔離的美國南方。她的一位姨媽可以「偽裝成白人」。她只允許歐尼爾和她媽媽在入夜後上門拜訪，不然鄰居會看到非裔美國人進到她家裡。她太害怕黑人身分被公開，讓她連自己親姐姐的葬禮都不敢參加。「當你說了一個謊，就得說另一個謊，最後你會說無數個謊，太瘋狂了，」她說。「我知道，我永遠都不想『偽裝』成一個不是我自己的人。在種族上，我永遠辦不到，在性傾向上，我也不打算這麼做。」

另一個經驗是在一九八〇年代後期，她面試一個掌管多元文化的工作。面試時，歐尼爾穿著一套三件式西裝與男用領帶，頂著一頭黑人短髮。「我全身上下都透露著訊息，只差沒穿上寫著『我是女同志』的上衣，所以我認為她了解我的訊息。」她說。在她開始工作並向同事出櫃後不久，她和上司發生了摩擦。「『我要開除你』。」她回憶道。她的主管是公司的平權計畫主持人。「她的意思很明確：妳可以用黑人的身分提倡『尊重差異』，但用女同志的身分就不行。」歐尼爾後來走出一條成功的專業之路，她的上司則沒有。後來她才知道，上司自己就是個未出櫃的同志。

出櫃往往感覺風險很大，但歐尼爾無論何時何地都樂於出櫃。她回憶起自己曾受邀到米蘭的一所知名國際企業，講授一堂關於下意識偏見的課程。當她走進教室，聽眾見到她是黑人，他們聽到她是美國人，他們見到她是個女人。有人問她是何時來到義大利的。「現在是我得出櫃的時候了。」她對自己說。在幾秒鐘內，她評估了一下環境、衡量後果、發現沒有人身安全的危險。「我說：『我太太和我是星期二到的。』」當她會見新客戶、與人共乘飛機時，她在心裡做著類似的計算。她喜歡找到她和別人的共同立足點，無論結果是什麼。「我有沒有因此失去客戶？有的。我會不會介意？當然不會。」

出櫃在經營客戶關係上不見得只帶來風險；出櫃也影響機會。ＩＢＭ副總裁兼智慧財產授權董事經理克勞蒂亞・布蘭伍蒂對此有第一手經驗：「我曾經因為出櫃，讓我和客戶之間更增加信任，案子完成得更迅速。在任何談判中，信任是一切的基礎。」[17]

她說，她的職員必須要先反映真實世界，才能服務真實世界的客戶。如果一家公司預設所有的客戶都是異性戀，它有五到一〇%的機會猜錯。她回憶一位同志同事與一位長期客戶的經驗。隨著這段商業關係的發展，客戶的男性代表開始討論起小孩和嗜好等個人話題來。「我們的同志業務員掙扎著要不要出櫃。他終於鼓起勇氣邁出去。他向客戶出櫃，對方說：『真的嗎？我也是。我們可以不要再去看橄欖球賽，改去看電影好嗎？』」

即使在日本

我是在一場企業執行長與英國首相卡麥隆的會議中，第一次和米蘭達・柯蒂斯

（Miranda Curtis）合作，我們擔任這場會議的共同主席。我很清楚感覺，她是個經驗豐富的商界人士。在過去的二十年裡，她為世界最大的國際寬頻網路公司自由媒體集團（Liberty Media）建立並管理國際關係。她住在倫敦，每個月至少一次到東京出差，監督日本最大的寬頻網路公司J:Com的成立與後來的併購案。二〇一〇年，自由媒體集團將J:Com持股賣出，賺進了四十億美元。

柯蒂斯一向對自己的性傾向保持低調，無論在國內或國外。她不會主動提到這方面的話題，但如果有人問起，她也不會說謊。在日本，她與同事們共享過無數次晚餐，但由於日本商界的習慣，從沒人討論過配偶或伴侶。日本商務人士喜歡談他們的孩子、他們的興趣和他們的寵物。他們很少提到自己的太太。在這種環境下，柯蒂斯經常談到她與伴侶在英國鄉間養的一群羊駝。「我講到我的伴侶，他們覺得我的意思是照顧羊駝的人。」她說。[18]

最終紙包不住火。在他們公司準備上市時，她的同事把年度大會選在一個特別不方便的日子。這天正好衝突到柯蒂斯的民事伴侶（civil partnership）典禮和慶祝假期。柯蒂斯從未錯過任何一次大會，這是第一次。她沒有解釋原因。當她下次去日本時，她與日本同事共進晚餐，同事們顯然還記得她無故缺席的事情。「他們看著我說：『米蘭達桑，妳有戴戒指。這是一只意義重大的戒指嗎？』」柯蒂斯說沒錯。「那這只戒指是代表開心的意義嗎？」她說是的。他們沒有繼續問她是不是「結婚了」，但前後文脈絡很清楚。他們真誠的回應也很清楚：「我們很為妳開心。」

同事的默許讓柯蒂斯鼓起勇氣告訴她七十多歲的資深顧問。她邀請顧問夫婦與她的伴侶一同晚餐，她的伴侶正好來東京玩。他問，一起來吃飯的女生是不是柯蒂斯的終生伴侶。「我說，『是的。』」她回憶道。「他說這是他的榮幸，很高興受邀。」他和他太太後來還拜訪了柯蒂斯和伴侶在英國鄉間的農場。

每個人在公眾面前表露自己性傾向的方式各有不同，反映了ＬＧＢＴ世界中形形色色的個性。有些人相對注重隱私，像柯蒂斯。其他人則坦率得多。重要的是，人們在處理性傾向議題時，必須感覺舒服且安全。即使是比較自我防備的人，你還是可以展現自信。「我從不否認我的身分，但當我在公務同事面前時，我的性傾向並不是我展露的第一個元素。」柯蒂斯說。「他們認為我是個稱職的同事，也是團隊的好成員。如果你能先建立這樣的形象，私生活如何就沒那麼要緊了。」

刻板印象

數十年來，我一直相信出櫃在社交上是不被允許的。我擔心同志的負面刻板印象會掩蓋真實的自己。我確定，當我待在衣櫃裡，確實讓一些人少了攻訐我的理由。然而，我現在覺得這些人其實沒那麼重要。

當我閃避一種刻板印象的同時，我變成了另一種刻板印象：未出櫃同志的刻板印象。我有個強勢的母親，還有位高權重的工作。我的朋友圈裡幾乎只有異性戀，我的工作時間遠超過休閒時間。從早上起床到晚上就寢，我每天每一時刻都早早排進時間表裡，有時早在好幾個月前就安排好了。觀察入微的人（英國石油很多這種人）會早早看透我：一個害怕到不敢出櫃的男同志，藉著埋首工作以逃避個人生活的挫敗和寂寞的一個人。

現在回頭看，我知道我重視的朋友們並不在乎我是不是同志。但他們同情我肩負著沉重壓力，即使他們不見得知道那壓力究竟是什麼。我最近一次到舊金山，與老友吉妮．薩瓦吉談天，她在數十年前就感受到我內心的糾結。「你以前是個謹慎到不可思議的人，」她回憶道。「沒有人知道要怎麼打動你，因為你非常注重隱私。」[19]她和其他朋友得小心翼翼。我們閃躲著我的性傾向的話題，從沒正面討論過。大家都很累，不光是我而已。

身為英國石油執行長，我可以做很多很多事。我可以隨時保持忙碌，將我的挫折感導入公司的營運裡。但你再怎麼分散緊張與焦慮，也只能到一定的程度。在我工作後期，我感覺這些負面情緒再次回到了身邊。如果我還待在衣櫃內，我仍舊會是那個不完整、不滿足的人。自從我出櫃後，我的友情（無論是新舊朋友）大大增長了。我和我最尊重、鍾愛的伴侶之間的關係也提升了。這是我這輩子最大的快樂。沒有它，我的人生是不完整的。

出櫃並不表示你的人生就會充滿和平寧靜。你仍會遇見讓你感到不舒服的人。你仍然必須做出艱難的選擇。你仍會面對或大或小、或重要或瑣碎的挑戰。然而，我出櫃的經驗告訴我，你會更有能力處理這些事情。

CHAPTER

7

意見領袖與偶像

利特爾與布朗出版集團（Little, Brown）倫敦辦公室編輯大衛・薛利（David Shelley），從不曾在職場上隱藏性傾向。問他有沒有因為自己的性傾向造成任何困境，他絞盡腦汁也想不出來。在他記憶所及的範圍裡，他從不曾因為同志身分而失去升遷的機會。他從沒在辦公室聽過恐同的辱罵，他的同事也沒有因為尷尬而避開不聊他私生活的細節。他建立了成功的職業生涯，在這段過程裡，他成功贏得了大家的信任，讓他有機會與包括J. K. 羅琳（J. K. Rowling）等世界最暢銷的作家合作。「我在這個產業工作十五年了，我記憶裡一個不愉快的反應也沒有。」他說。「事實上是連什麼反應都沒有。大家把這件事看作正常生活的一部分。」[1]

出版產業似乎特別能接受各人的性傾向；薛利的經驗不是特例。二〇一三年，在英國少數公開同志身分的執行長中，就有兩人是大型圖書零售商總裁。[2]

在美國，《GQ》、《紐約》（*New York*）、《新共和》（*New Republic*）等雜誌社都有男同志編輯坐鎮。一般認為新聞報業比較保守。然而，身為公開男同志的蓋爾・布萊克（Guy Black）是位於倫敦的電訊媒體集團（Telegraph Media Group）執行總監，他說：「我認識英國報業裡絕大多數的資深同志，我偵測不到任何反同的態度或敵意。我覺得這件事已經不再是問題了。」[3]

同樣的情形似乎也出現在數位媒體界。二〇〇四年，湯馬斯・簡斯莫（Thomas Gensemer）共同創辦了藍州數據（Blue State Digital）。在二〇〇八年美國總統選舉期間，藍州數據擔任歐巴馬團隊的宣傳總軍師，推出了大規模的數位媒體策略，無論廣度與深度都是前所未有的。簡斯莫從一開始就是公開身分同志。他說，數位新創公司充滿了年輕人，他們幫助孕育了一個充滿包容性的環境。「這個環境帶來了透明度和更放鬆的工作環境，」他說。「以前大家會躲在衣櫃裡，因為他們覺得出櫃會限制他們的職業生涯。今天則恰恰相反。躲在衣櫃裡，會讓人質疑你的人格。」[4]

在出版界與媒體界，大家不再對員工的性傾向大驚小怪，也不再把它視為個人能力的指標。在這個領域裡，男女同志得到廣泛的接受，因此產生了兩個結果。第一，同志的能見度提升，因為同志可以自在地進入這個領域工作。第二，同志更不願意壓抑真實的自己。他們可以見到其他成功的同志，因此對出櫃感到自在。當公開身分的同志員工達到臨界數量，是良性循環的開始。

在多元文化與包容性方面，媒體是商務界獨特的一角。但是在商界的許多領域，以及社會的許多其他角落，陳舊的態度仍然根深蒂固。其他領域LGBT員工的掙扎與成功故事，也許能給商界同志上一堂重要的課。

體育、政治與法律界的教訓特別鮮明。這些領域提供了獨一無二的平台，可以影響大眾觀感或制定公共政策。如果社會要更包容、更能接納多元，這些領域必須做好榜樣，擁抱那些與主流不同的人。

專業體育與政治界代表了光譜的兩端。沒有幾個領域的LGBT族群能見度比商界還低，體育界是其中之一。一般認為體育界瀰漫著恐同心態，團隊運動又比個人競技更明顯。商界團隊靠合作達成共同目標，運動團隊也一樣。如果有一個成員是同志，可能會被隊員認為是凝聚力的障礙。另一方面，政治界在過去三十年內發生了巨大的進步。只要同志政治人物誠實面對自己的性傾向，大眾越來越能接受他們。進步發生在各個層級，有時發生在令人意想不到的地方。

政治

當賈斯汀・薛奈特（Justin Chenette）在二〇一二年宣布競選緬因州議會代表時，他還是個二十一歲的大學生。他知道在全國各地的選舉裡，反對者總是會用性傾向作為選舉話題。他也知道同志婚姻將會進行公投，可能會引發恐同評論。即使如此，他從沒考慮過躲在衣櫃裡。「我了解，我必須直接坦白，」他說。「我想與其讓訊息控制我，不如主動控制訊息。」[5]

隨著選舉逼近，有心人士把他的選舉海報移到市區顯眼的地方，在上面用噴漆噴了「同志」字眼。他以沉默來回應。他贏得了六〇%的選票，成為美國選舉史上最年輕的公開同志身分民選議員。出櫃也許讓他的選舉之路增加一些障礙，但他相信坦誠是比躲藏更有效的策略。「在政界與商界，信任是非常重要的。」他說。「如果因為你隱瞞著某些資訊，讓別人不能相信你，大家是可以感覺出來的。」

在我的成長階段，我很確定無論是什麼年紀的公開身分同志都不可能取得公職。今天，薛奈特的勝選顯示政治界的每個層級都出現了革新。從英國到波蘭，從美國到義大利，越來越多的男女同志進入公職服務。在美國，從學校董事會到總統，選舉產生的公職共超過五十萬席。一九九一年，LGBT只占四十九個職位。到了二〇一三年十月，同志服公職的人數增加了十一倍。[6]進步正在最高的層級發生。二〇〇三年，美國國會只有三名公開身分的同志議員。十年後，LGBT議員多達七位，包括第一位公開同志身分的威斯康辛州參議員譚美．鮑德溫（Tammy Baldwin），和第一位公開雙性戀身分的女議員克絲汀．希娜瑪（Kyrsten Sinema）。[7]冰島和比利時都曾任命同志首相，德國曾任命同志外交部長；更令人驚訝的是，羅薩里歐．克羅希塔（Rosario Crocetta）成為西西里第一位公開同志身分的省長。他勝選成功的關鍵因素，是他在擔任一座海邊小城市的市長任內，大力掃蕩黑手黨，建立了聲譽。他接受《華盛頓郵報》（*Washington Post*）訪問時，承認自己讓大家跌破眼鏡。「我是同志，我認為這是上帝給的禮物，而且我毫不隱瞞這一點！」他說。「我能站在這裡，幾乎是想都想不到的奇蹟。」[8]最近幾年，從加拿大到愛爾蘭、紐西蘭，許多國家的國會都迎來更多LGBT成員。[9]

一九九六年底，英國下議院只有一位公開身分的同志議員。然而，到了二〇一三年底，同志議員人數增加到二十四人，[10]相當於下議院總人數的三．五%。[11]這是個重大的轉折。

然而，進步的腳步有快有慢。二〇一〇年，英國高級內閣大臣大衛．洛斯（David Laws）被發現他為了隱瞞自己和另一位男性的關係，違反了住宿補助法的精神，他因此引咎辭職。[12]呼應著我自己的故事，洛斯努力躲在衣櫃裡，最終的結果是害自己丟了工作。[13]

政治是建立在信任上。如果政治人物能呈現真實的自己，就更容易取得選民的信任。從短期來看，隱瞞性傾向也許能給一些不願公開出櫃的人某種程度的安全感。從長遠來看，若公眾人物長期隱瞞性傾向，一旦被揭露造成的傷害，也許比從一開始就坦承還大。政治人物若想成功，不應把自己塑造成同志候選人的形象，而是一位普通候選人又正好身為同志。這樣選民關心的焦點就不會集中在性傾向上。

克勞斯・沃維萊特（Klaus Wowereit）在二〇〇一年當選柏林市長，早在他加入市長選戰前，就熟知這一點。他在一九九五年當選為市議員，隨著他在柏林政治界的位階逐漸升高，他也一步一步地向眾人出櫃。在這段過程中，他一點一點告知同事與重要記者。因此他避免了戲劇化的踢爆大會。「我想，『逐步出櫃』是個正確的策略。」他說。「你沒有隱藏任何事情，但你也沒有引起太多注意。消息最終會傳出去，每個人都會知道。」[14]

然而，現實環境迫使他加速出櫃的腳步。二〇〇一年六月，絕大多數的民眾不知道德國社會民主黨（SPD）的沃維萊特是同志。在柏林市聯合政府解散後，他意外地被任命為代理市長。隨著十月市長選舉接近，民調顯示他居於領先地位。「我得決定該怎麼處理我的同性戀傾向。」他說。「我真實的想法是，這是我的私事。從另一方面想，被八卦小報強迫曝光似乎是最糟糕的選擇。如果我不想陷入麻煩，就得主動出擊。」

沃維萊特告知社會民主黨他的同志身分，並且警告黨團，他的性傾向可能會成為選戰議題。後來媒體得知他對社會民主黨的發言，記者開始追逐他。「我對自己說，『這是你的人生，你沒有做錯事，你不需為自己找理由。他們不會用這個當理由攻擊你。』」他決定在柏林的黨員大會上公開發言，宣告「Ich bin schwul, und das ist auch gut so」，這句話的翻譯是「我是同志，這樣也很好」，成為德國各地政治集會的流行口號。

沃維萊特的反對者曾試圖以他的性傾向為理由，攻擊他的誠信。保守派的德國基督民主聯盟（Christian Democratic Union）市長候選人說，沃維萊特代表了「扭曲的人格」，暗示他的性傾向有損其可信度，特別是在與家庭有關的議題上。[15]

這種說法無法影響選民。當他們承認沃維萊特勝選時，他們擁抱他的性傾向（或至少視而不見）。沃維萊特說：「民眾想看到成果，對我的私生活沒興趣。」

現任英國環境署（Environment Agency）署長的克里斯・史密斯（Chris Smith）也有一個類似的正面故事。他在當選為英國國會議員後一年，於一九八四年出櫃。八〇年代中期的社會環境並不鼓勵別人追隨他的步伐。在他出櫃後不久，一份英國八卦小報刊登了一篇嘲弄他的漫畫，裡面是一個扮女裝的男人站在下議院裡。一九八七年，免費同志報紙《重點同志》（*Capital Gay*）被人投擲汽油彈，保守派議員伊萊恩・凱利鮑曼（Elaine Kellett-Bowman）為暴行辯護。「我可以很有自信地說，有些人無法容忍邪惡的存在，這是一樁好事。」她在下議院發言。[16]隔年春天，柴契爾政府通過了「地方政府法」（Local Government Act），法案第二十八節將同志關係定義為「偽家庭關係」。這一切都是在愛滋病流行背景下的恐慌反應。因此毫不意外地，在接下來的十三年內，史密斯一直是唯一公開身分的同志國會議員。

在這段期間內，史密斯努力增加他的政黨優勢，一九九七年，英國首相布萊爾任命他為閣員，史密斯成為英國歷史上第一位公開同志身分的內閣成員。史密斯的成功故事給了有志從政與從商的同志三個重要教訓。最重要的一點是，同志在擔任領導角色上，可以和異性戀者一樣稱職。第二點，一旦你透露你的性傾向，媒體報導的熱潮很快就會消退。第三點則是，即使出櫃，你的個人與專業關係仍能保持穩固。史密斯說。：「在你公開同志身分後，可以獲得周遭每個人的極大支持，無論是大眾或政界同仁。無論你要和他們建立什麼樣的關係，都不會影響他們的支持。」[17]二〇一三年，保守派國會議員克里斯賓・布朗特（Crispin Blunt）證明史密斯所言不假。他在出櫃並離開結褵二十年的妻子後，有人發起連署撤銷他的候選人資格，他成功打敗了挑戰者。他以五比一的票數贏得選舉，打敗了希望取代他的敵手，支持他的民眾嘲笑對手是「恐龍候選人」。[18]

在我的有生之年裡，英國發生了種種重大變化，但我們不應該昧於世界其他角落的現實。在風氣保守的國家，LGBT政治人物仍面對極大的挑戰。例如在波蘭，只有大約四〇％的民眾認為社會應該接納同性戀。[19]近年來，超過六〇％

的波蘭人認為同性伴侶不該有公開身分生活的權利，支持同志婚姻的民眾不到三分之一。[20]二〇一三年，波蘭民主之父、諾貝爾和平獎得主萊赫・瓦文薩（Lech Walesa）甚至說，男女同志沒有權利擔任部長或黨鞭；如果他們當選，他們的座位應該「藏在牆壁後面」。資深政治人物與公眾人物紛紛對此表達不滿。[21]

二〇一一年，波蘭歷史上首次出現兩位LGBT政治人物贏得國會議員選舉。第一位公開身分的同志國會議員羅伯特・畢卓（Robert Biedro），與第一位跨性別國會議員安娜・葛羅茲卡（Anna Grodzka）代表新成立的帕利科特黨（Palikot Party）參選，這個政黨的宗旨是推廣對多元文化的尊重。令人跌破眼鏡的是，這個政黨竟然一躍成為波蘭第三大黨。我認為世代變遷正在幫助觀念更開放。歐洲各國之間的緊密互聯也幫上一把。在歐盟其他國家就學與就業的年輕波蘭人，把先進的價值觀帶回自己的家園。

社會變遷讓LGBT政治人物更有機會贏得選舉，但無法保護他們不受偏見所害。在國會殿堂裡，葛羅茲卡不得不面對人們恐懼跨性別者的反應。「有時我簡直不敢相信，右派政治人物對我的攻擊可以這麼殘酷又原始。」她說。[22]法律正義黨（Law and Justice Party）黨員克里絲汀・波洛維茲（Krystyna Pawlowicz）是最好的例子。她在公開訪談中把葛羅茲卡與馬匹和其他物件相比。「她算什麼女人？她長得像個拳擊手。」她在接受波蘭媒體訪問時說。「光是往自己身上打荷爾蒙，不代表你就變成女人了。」[23]

雖然有像波洛維茲這樣無知的人，但葛羅茲卡和歐美各國其他LGBT政治人物今日能得到的機會，是十年前無法想像的。我認為這是很明顯的趨勢。緬因州眾議院議員薛奈特有如下建議：「你不能選擇你的性傾向，但你可以選擇對待它的開明態度。你可以選擇躲在衣櫃裡，但這會一點一點侵蝕掉自己。到頭來，你沒辦法好好發揮全力。」[24]

體育

想數清楚究竟有多少男女同志進入商界高層，幾乎是不可能的任務。然而我很確定，這些人之中有很多可以晉升到高層職位。商界似乎比專業體壇更開明進步得多。全世界大多數專業運動團隊裡面沒有一個公開身分的同志隊員。德國足球甲級聯賽的異性戀球員菲力浦・拉姆（Philipp Lahm）曾發聲反對體育界的恐同風氣。「沒錯，政治人物現在可以出櫃承認自己是同志。但他們不用一週又一週在六萬名觀眾前比賽。」他在接受訪談時表示。「我不覺得社會開明到能像其他領域一樣，用平常心看待同志球員。」[25]

也許我們可以猜想，許多同志選擇專業運動員以外的職業生涯。進入體育這一行的同志往往選擇不要出櫃。當NBA（美國國家籃球協會）球員傑森・柯林斯（Jason Collins）在二〇一三年四月出櫃，他成為美國四大體育聯盟裡第一個出櫃的現役球員。[26]

歐洲也有類似的情形。截至二〇一三年底為止，前六大國家足球聯盟裡沒有一個公開身分的同志球員。[27]二〇一三年二月，列斯聯足球隊（Leeds United）的美國球員羅比・羅傑斯（Robbie Rogers）在他的部落格公開自己的同性性傾向。他在同一篇貼文中宣告退休。後來他解釋，因為他害怕足球迷和媒體的負面反應。三個月後，他加入洛杉磯銀河足球隊（Los Angeles Galaxy）繼續足球生涯。英國唯一出櫃的知名職業足球員賈斯汀・法夏努（Justin Fashanu），在一九九八年自殺。

有些人可能認為出櫃會破壞團隊向心力。一九七〇年代晚期，前洛杉磯道奇隊（Los Angeles Dodgers）的球員格林・布爾克（Glenn Burke），隊友都知道他是同志。一九九五年，他死於愛滋病相關的併發症。他去世前告訴美聯社，他在職棒大聯盟的四年生涯裡，到處是充滿恐同心態的人。他說，有一次他的經理站在球員休息區前，當著全隊的面對他說：「我不要我的球隊裡有死同志。」他也說，有個教練告訴他，只要他和女人結婚，他願意出度蜜月的錢。當他拒絕這個提議，就被交換到另一個球隊。[28]

在布爾克的故事發生後幾十年，一些未出櫃的運動員仍擔心出櫃可能會影響團隊的凝聚力。二〇一三年八月，我和伴侶拜訪我的老朋友在英國鄉間的房子。我們到達時是下午茶時間。在座賓客中，有一位三十多歲的德國足球員。他自我介紹名叫湯瑪士。在意想不到的情況下，他告訴我們，他身為專業足球員長達二十年，在最近幾年裡，他開始學習如何處理自己的同志傾向。

當我們認識時，他正好到了必須決定是否要退出專業足球生涯的時間點。他待過德國甲級足球聯賽（Bundesliga）、義大利甲級足球聯賽（Serie A）、英格蘭超級聯賽（Premier League）、德國國家代表隊等許多球隊，自然或多或少受到運動傷害的影響。但他也擔心著是否要出櫃、何時出櫃。他對我的故事與我出櫃時的時空條件非常感興趣。他希望聽我說那時的恐懼，還有我的生活發生了哪些改變。

三週後，這位以強勁有力的左腳聞名的「鐵錘」（Hammer）正式收鞋退隱。湯瑪士．希策斯佩格（Thomas Hitzlsperger）在二〇一三年九月初宣告退休。

湯瑪士在十二月來到倫敦拜訪我們，他的一番話消除了許多有關同性戀在足球界的傳統看法。「大多數人都會提到球迷的反應，但一切都在控制之下，球場上充滿了攝影機。能有什麼事發生在我身上？」他說。「而且球員間講的同志笑話，我也不特別反感——有些笑話還挺好笑的——但恐同心態比較難處理。但是我想，如果我出櫃了，有些球員會支持我，其他人會跟隨我的腳步。」[29]

即使湯瑪士來自少有球員與退休球員是同志的足球世界，他的故事與本書許多其他故事十分相似。我有種強烈的感覺，他就像許多商界人士一樣，擔心人們會把他一次失敗的表現怪罪於他的性傾向。他的故事就像歷史上許多少數族裔的故事一樣，湯瑪士似乎必須用更高的標準要求自己，才能避開大眾的注意力，免得有人意外發現了他的性傾向。

在我和湯瑪士的幾次對話中，我告訴他，他永遠不會找到所謂出櫃的好時機，但也不存在出櫃的壞時機。我們也討論了他的出櫃可能會為年輕一代足球員帶來的正面效應，他一直希望鼓勵大眾討論體育界裡的同性戀。

在我們談話後一週不到，湯瑪士就下定決心出櫃了。二〇一四年一月八日，他在接受德國《時代週報》（*Die Zeit*）專訪時透露了他的性傾向。「我決定坦誠我的同性性傾向，因為我希望能鼓勵大眾多多討論專業運動員中的同性戀。」他說。[30]媒體與其他球員的反應十分迅速，而且絕大多數都是正面支持的態度，例如英國足球員喬伊．巴爾頓（Joey Barton）的這則推特訊息：「湯瑪士．希策斯佩格今天顯露了很多很多的勇氣。很可惜，總是要等到某人退出自己最愛的專業領域後，別人才會完全基於他的個人本質來評斷他。我們社會裡的每個人都該感到羞愧。」[31]

希策斯佩格的行動是否能鼓勵現役球員出櫃，我們仍拭目以待。在過去，出櫃有損於球員整體形象與商機吸引力。這是讓他們不願出櫃的原因。一般來說，運動員的一生中，只有短短幾年可以掙錢謀生。出櫃會威脅到他們獲得廠商贊助的機會，就像三十年前比莉．金恩（Billie Jean King）的遭遇一樣。一九八一年，她已贏得了十二次大滿貫網球單打冠軍獎座，是全世界最知名的女性運動員之一。她和前秘書瑪麗蓮．芭奈特（Marilyn Barnett），在一九七〇年代早期開始交往；一九八一年，芭奈特向她提出告訴，金恩的性傾向被公諸於世。金恩不顧教練的建議，她開了一場記者會，承認她確實與芭奈特有過一段關係。她的贊助商做了一個看似合乎商業利益的合理決定，背後卻隱含恐同心態。一天之內，她失去了所有的廠商贊助，據她表示，價值一共超過兩百萬美元。[32]

在金恩出櫃後幾個月，溫布頓網球錦標賽（Wimbledon）九次單打冠軍紀錄持有者瑪蒂娜・納芙拉蒂洛娃（Martina Navratilova）承認自己是女同志。當時她名列世界第二，特別在逃離共產捷克斯洛伐克成為美國公民後，她的聲名大噪。「我沒有損失任何合約，因為從一開始我除了網球以外就什麼也沒有。」她從佛羅里達的家中透過電話說道。「我開始贏得一個個溫布頓冠軍，但從沒有合約找上門。我知道因為出櫃，我損失了很多金錢和聲譽，但我決定出櫃從來就不是因為錢。」[33]

一九八〇年代期間，納芙拉蒂洛娃面對媒體不友善的態度；那時的她多半把不友善歸咎於自己來自冷戰時期的共產國家。在佛羅里達艾米利亞島（Amelia Island）的一場錦標賽前，一名當地專欄作家將她與金髮異性戀球員克里絲・艾佛特（Chris Evert）的球賽描寫為一場「正邪對決」。後來，一位男性體育記者問她：「你還是女同志嗎？」她用問句回答：「你還是異性戀嗎？」[34]她出場時球迷反應不佳。「人們從不會在你面前說什麼。但當我上場時，我明顯從觀眾群中感受到，每個人都在為克里絲鼓掌。當觀眾對我吹口哨或揶揄的時候，我心想：『我究竟做了什麼事，活該被你噓？』」[35]當她如今回顧時，才領悟這些反應背後有多少是來自恐同心態。

這些故事顯示在專業體育界，身為公開身分同志會遭遇的巨大困難。運動員只能選擇放棄職業運動生涯，或成為躲在衣櫃裡的專業運動員。我們不能確知究竟選擇哪一條路的同志運動員比較多。比如說，二〇一二年夏季奧運的一萬五千名參賽者中，公開身分的同志運動員只占〇．一六％；這不可能代表同志運動員的真實數字。[36]第三條路，出櫃並繼續參賽，似乎是最不可能的選擇。

專業體壇有極大的力量影響社會各層面。它必須更能反映社會現況。它不應該培養歧視，但現在的專業體壇卻背道而馳。然而，體育界的態度似乎在改變，越來越接近社會大眾的態度。出櫃運動員被贊助商、隊友、職業運動團體排斥的風險已漸漸降低。企業開始發現贊助同志運動員的商機。二〇一三年四月，耐吉（Nike）史無前例地與公開身分的同志運動員布特妮．葛林娜（Brittney Griner）簽下合約。幾天後，傑森．柯林斯就出櫃了。耐吉過去曾與他簽約，發表了一份支持聲明。「我們欽佩傑森的勇氣，也為他身為耐吉運動員感到自豪。」聲明指出，「耐吉支持公平的競技場，運動員的性傾向不該是競技場考慮的因素。」[37]許多其他名人與運動員都公開表示支持，包括NBA總裁大衛．史騰（David Stern）與球員柯比．布萊恩（Kobe Bryant）。

有越來越多的異性戀運動員，努力提升對同志運動員的接納度。「世界上有不少同志運動員，我們曾與同志運動員一起比賽，你也見過退休同志運動員出櫃。」巴爾的摩烏鴉隊（Baltimore Ravens）球員布蘭登．艾延百地喬（Brendon Ayanbadejo）在二〇一三年接受電台訪問時這麼說。他向美國最高法院提交了一份法庭之友意見書，支持同志婚姻。「每一天、每個月、每一年，我們都在逐漸進步，讓運動員可以自在地做自己。如果他們可以做自己，他們就能成為更好的運動員。」[38]英國足球協會（English Football Association）也採取了行動。二〇一二年，英國足協懲戒了一名在推特上使用辱罵同志字眼的球員。二〇一三年，利物浦足球俱樂部（Liverpool Football Club）宣布禁止使用這些辱罵同志的字眼。那年秋天，有些球員開始在身上別彩虹絲帶以支持LGBT球員。

比莉・金恩相信，隨著商界的態度逐漸轉變，正在影響專業體壇的態度。「當傑森・柯林斯這樣的運動員出櫃後，他得到美國總統的祝賀。當我被迫出櫃時，我在一夜之間失去了所有贊助。」她在給我的電郵裡寫道。「整體而言，今天商界對男女同志的接受度增加了許多。任何想出櫃的人應該用他們自己的方式出櫃——選擇他們準備好面對真實自我的時機。我沒有那種機會，我也付出了代價。但我想那是過去的事，現在是現在。」[39]

同志運動員越來越了解，社會動能是站在他們那邊的。湯瑪士・希策斯佩格相信，社會現在越來越期待球隊經理在同志球員出櫃時給予支持。「對於你所屬的球隊，這會是個政治問題，測驗他們的處理能力，」他說。[40]

二〇一三年末，英國奧林匹克跳水選手湯姆・戴利（Tom Daley）透露他與一位男性正在交往。[41]在他之前，馬修・赫爾（Mathew Helm）、馬修・米查

（Matthew Mitcham）、格雷格・洛加尼斯（Greg Louganis）等三位奧林匹克跳水獎牌得主都曾先後出櫃。在戴利宣告出櫃後，ＢＢＣ立刻打電話給我，要我找他做簡單訪談。在訪談中我說，出櫃從來就不是零風險。然而，我希望戴利的誠實會為他帶來正面的結果，並且給其他人榜樣，出櫃是可能有好結局的。他收到了無數的支持。當天稍後，英國最有名的足球播報員兼前球員蓋瑞・萊因克爾（Gary Lineker）透過推特送出一則支持的訊息。喜劇演員史蒂芬・佛萊（Stephen Fry）則以另一個角度來看整個事件，他送出的訊息是這樣寫的：「我剛打開十二月倒數日曆上的第二扇門，湯姆・戴利就從門裡跳出來了。說真的，@TomDaley1994 恭賀你。我很為你高興。」

今天，專業體育界與商界的界線越來越模糊，雙方的經驗開始互相重疊。瑞克・威爾茲（Rick Welts）當上了ＮＢＡ的最高執行長之一。威爾茲在西雅圖長大，他從一九六九年開始，擔任西雅圖超音速隊（Seattle Supersonics）的撿球童。大學畢業後他回到球隊，後來晉升為球隊的公共關係主任。到了一九八二年，他在紐約與一位同志建築師同居，他的隊友從沒見過這位同居人。因為害怕出櫃，他總是避免談到他的伴侶。「從來沒有人和我有一樣的經歷。」他說。「我沒辦法從他們的經驗裡學習或獲得信心，我也不知道未來會發生什麼事。」[42]

他的伴侶在一九九四年去世了。深深埋在衣櫃裡的威爾茲，只請了兩天假哀悼。他麻木地回到辦公室，沒法跟任何人分享他的哀傷。到了二〇〇九年，他住在鳳凰城，是鳳凰城太陽隊（Phoenix Suns）的執行長。他的第二段關係持續了九年，最後在一團糟裡結束。「那段關係破裂的一個重要原因，是我沒辦法讓我生命裡最重要的人進入我的工作生活裡。在那時我做了個決定，如果我未來想要有一段成功的關係，我一定不會重蹈覆轍。我會活得更公開。」

二〇一一年五月，威爾茲決定在《紐約時報》頭版訪談中出櫃。[43]在記者寫作報導的過程中，也訪問了威爾茲的職涯導師大衛．史騰。史騰說，他知道威爾茲是同志很多年了，但他從來沒與他討論過，因為他不想太唐突。

「我預期九〇%的信件是正面的，一〇%是負面的。」威爾茲說。「但成千上萬的人寫電郵給我，我還接到數十封手寫的信。沒有人說過一個負面的字。這真是不可思議。」威爾茲的經驗與我的經驗相符。我和他一樣，收到了絕大多數支持的信件和電郵。只有一個人花時間寫了負面的信件來。

在威爾茲出櫃後不久，他搬到舊金山和他的新伴侶同住。九月，金州勇士隊（Golden State Warriors）任命威爾茲為新總裁兼營運總監。

法律

二〇〇二年，艾德里安・富福德（Adrian Fulford）被任命為最高法院法官。一年後，他成為新成立的國際刑事法院（International Criminal Court）的十八位法官之一。二〇一二年，他加入了英格蘭和威爾斯層級第二高的上訴法院（Court of Appeal）。這些職務都很重要，而且也是十分罕見的。富福德既不是牛津也不是劍橋大學畢業生。他主修歷史，而不是法律。他自己都承認，他讀的「不怎麼好」。[44]他實習的地點不是那些傳統的律師事務所。也許對他事業影響最大的，是他從一九七〇年代末期就是公開身分的同志。

富福德出櫃的決定不是沒有後果的。他曾經遭到其他律師的冷淡對待，也碰過法官有時會「表現出強硬、不妥協、不友善的態度」；這種態度他只能解釋為恐同心理。[45]一九九四年，他原本想申請擔任兼職法官，他遭到一群「穿灰色西裝的男性」嚴厲盤問，他們問他：「你真的非申請這個職位不可？」他們也刺探了他的私生活。他們甚至說，因為他年輕時擔任律師，曾經處理一起關於性愉虐的案件，表示他對皮繩束縛或「某些其他講不出口的性癖好」有特別興趣。[46]

雖然經過一番嘲弄性的問話，最後富福德還是拿到了這份工作。他相信，若不是有個心胸開放的大法官，根據品德成就而非性傾向來決定他的聘用，他是不可能會成功的。就如同商界，最高層的領導人物是改變的關鍵。代表上一個世代的偏見的資深法官與律師最終退休了，在之後的幾年中，長江後浪搖撼了整個司法系統。當富福德完成了法官的訓練課程，他記得其中一位講師向他保證，同志在職場上不會有玻璃天花板。當他在評估未來法官的時候，他不在乎這個人是不是同志；後來這位講師當上了英格蘭與威爾斯最高法院首席法官。富福德說，因為有這樣的典範人物，讓司法系統不再是「非常少數的異性戀白人男性的私人封地」。[47]

目前為止，司法系統還無法代表社會整體。但今天的年輕律師充滿了多元性，只要大眾持續關心歧視問題，應該就可以改變未來司法系統的風貌。「當然，在全國各地還是可能有零星的法院或律師事務所因襲陳規，」富福德說。「但整體來說，我感覺門窗已經打開了，一陣強風吹了進來，把大部分的陳舊陋習一掃而空。如果年輕的律師問我，他們該不該出櫃，我會說，『不要害怕。一點也不要害怕。』看看我的故事吧。」[48]

現在許多男女同志認為，他們在法律領域遇到的挑戰會比在商界少。我可以想到兩個重要原因支持這種看法。第一，教育程度通常與尊重了解多元文化呈正相關，而法律界的工作需要漫長且艱難的教育背景。第二，從事法律工作必須經常以公正客觀的角度分析案件，因此可以排除沒有基礎的價值判斷。

然而，最近一份針對英國法界人士的調查發現，每四名女同志裡只有一名、每十名男同志裡只有一名能在律師事務所完全出櫃。[49]對那些未出櫃的律師來說，他們通常都是單打獨鬥。法界人士中，在職場有個公開身分的LGBT同事能作為模範的比例不到一半。

卡麥隆麥金納律師事務所（CMS Cameron McKenna）合夥人丹尼爾‧溫德費特（Daniel Winterfeldt），從一九九八年就開始在倫敦工作。在他工作的第一間律師事務所，他是五百個員工裡唯一公開身分的同志律師。五年後他跳槽到另一家公司，他依舊是唯一的公開身分同志律師。有時，身為唯一的同志消磨了他的野心。「我無從向上看齊，放眼望去找不到一個可以效法的模範。我工作非常認真才獲得這些機會，但很奇怪地，我覺得只要有個工作就很幸運了。」[50]

也許對律師事務所來說，LGBT律師的人數不如女性與少數族裔的人數重要。律師事務所招收男女律師的比例大致保持平衡。然而在英國前一百大律師事務所的所有合夥人中，女性只占不到一〇％，[51]少數族裔只占合夥人的五％。[52]當律師事務所推動多元性與包容性政策時，也許很務實地將工作焦點放在這些族群上，因為這些族群的人數遠超過ＬＧＢＴ族群人數。

雖然缺乏榜樣，年輕律師仍比前輩們更常出櫃。介於五十一歲到五十五歲的律師裡，只有一五％敢在自己執業的第一間事務所出櫃。在小於二十五歲的律師之中，願意出櫃的比例高達四倍之多。[53]年齡稍長者的觀念源自一段不同的時空，他們成長的環境裡，公開騷擾或歧視仍稀鬆平常。在年輕一代長大的世界裡，包容性更高，因此帶來了十分不同的成長經驗。很明顯他們對真實的自我更有自信、活得也更自在。他們是否能獲得相同的職涯升遷機會，仍是未知數。

二〇〇八年，溫德費特為英國ＬＧＢＴ律師創立了一個非正式組織「互聯法律多元論壇」（InterLaw Diversity Forum）。到了二〇一三年底，論壇成員已超過一千兩百名，遍及七十間律師事務所與四十家企業。對於職場同事圈裡缺乏公開身分同志的律師來說，這個論壇提供了重要的資源。在互聯法律多元論壇的幫助下，英國的法界正在大步邁進。二〇〇九年，沒有一間律師事務所能擠進英國石牆組織

（Stonewall）每年發布的職場平等指數（Workplace Equality Index）前一百名。到了二〇一四年，這個數字增加到了十間。

企業客戶敦促著律師事務所，希望他們在鼓勵多元性與包容性時，考慮的族群不僅限於女性與少數族裔。在律師眼中，這些企業的觀念更先進，更能照顧LGBT員工。管理貝克波茲律師事務所（Baker Botts）倫敦辦公室的合夥人史蒂夫・華德洛（Steve Wardlaw）是位公開身分同志，他從一九八〇年代就已公開出櫃。他說：「我覺得法律界過去很守舊。大家的觀念是『別在大庭廣眾下丟人現眼』就好。」[54]華德洛再進一步強調：「律師事務所的管理階層終於醒悟，發現真的有大問題了。他們發現有才能的人紛紛離開，投到他們的客戶懷抱裡。」

偶像

在邁向包容的道路上，政治界、體育界與法律界各自站在不同的階段。進步的速度也許有快有慢，但方向是一致的。這一點很重要。因為這些領域再加上娛樂領域，可以打造出最有能力形塑大眾輿論與公共政策的人物。這些典範人物可以成為社會上最重要的同志偶像，他們對商界的態度也有強大的影響力。

雖然進步與障礙各有不同，但我相信我們能找到適用於任何領域的共同法則。簡單地說，改革需要領導人物。在下一章中我們會看到，改革有賴於實際行動的引導。

CHAPTER

8

打碎玻璃

要推動社會改革，政府可以勸導和立法，但光靠政府無法獲得成果。只有個人可以達成變革，無論是身為獨立個體或社會組織的一員。在各種社會組織中，處理問題、執行解決方案是企業的天生使命。因此很明顯地，只要企業在有效的領導與務實的措施下，就有能力打碎玻璃衣櫃。

在通往包容的道路上，訂定對ＬＧＢＴ族群友善的政策自然是個起點。我們可以測量這些政策在現實生活裡的實踐程度，藉此了解一家公司的基礎價值觀。但這些政策即使能畫出保障的大餅，卻不等於ＬＧＢＴ員工實際上感受的安全感與自在感。雖然企業領導階層能擁抱ＬＧＢＴ員工，求職者、新進員工、未出櫃的員工卻不見得能明確感受到。數十年來，我隱藏自己的性傾向，我知道未出櫃的同志常設想出櫃會帶來悲慘的後果。企業必須以語言和行動顯示這種設想是錯誤的。

二〇〇六年，擔任英國國會顧問的彼得．莫瑞（Peter Murray）離職，加入工程顧問公司奥雅納（Arup）。「一位資深政界人士告訴我：『你要很小心。你加入的是一家工程公司，這些人對於在職場出櫃的人接受度比較低。』」他說。這是個用心良好但資訊錯誤的建議。因此連續兩年，莫瑞隱藏私生活的各種細節，不讓高層經理知道，他也變得對於透露自己的性傾向非常敏感。「問題是，我看不到任何跡象顯示奥雅納是間友善同志的公司。我的上司們順理成章地以為大家都知道他們的態度。」[1]

如果LGBT員工不會一想到出櫃就害怕，會有更多人加入出櫃的行列。他們的出櫃之路受到很多障礙阻撓。有些是非常個人的因素，光靠一家企業無法排除這些因素。然而，企業可以釋放正確的訊息。他們必須創造包容性的文化，不光是列在企業政策與手冊中，更要包含在員工的想法與行為裡。一切要從企業領導者開始。他們必須在每個決策中考慮到包容性。他們必須考慮自己能不能開放接納新觀念、把每個人視為個體去了解認識、關心團隊裡的每個人。

要成功推動LGBT包容性政策，可以採取七項行動：

- 高層主動訂定企業方針。
- 創設並支持LGBT資源團體。
- 鼓勵直同志夥伴。
- 設立具體目標，以此作為測量標準。
- 讓LGBT員工負起個人責任。
- 指出典範人物，再三宣揚他們的故事。
- 針對在保守國家工作的員工，設立明確的預期目標。

主動領導

在美國最高法院推翻婚姻捍衛法的那一天，世界最大的幾家企業立刻發布聲明，支持最高法院的判決。「這對我們的公司和客戶都是好事，但更重要的是，這是該做的事。每個人的權益都很重要，必須受到保護。」摩根大通集團執行長傑米・迪蒙（Jamie Dimon）在聲明中表示。臉書執行長馬克・祖克伯（Mark Zuckerberg）在他自己的臉書頁面貼了一則支持的訊息：「我很驕傲我們的國家正在往正確的方向前進，我為我的許多朋友和他們的家庭感到高興。」二〇一三年十二月，蘋果執行長提姆・庫克在一場演講中指出，蘋果「支持為所有員工爭取平等與非歧視的法律，無論你愛的人是誰。」[2]

這些例子證明了企業包容性的基礎前提：領導階層必須設立明確的方向。第一步是確保LGBT員工平等待遇的政策。不可以有公開或隱晦的歧視，對任何形式的恐同都不予包容。

領導高層的正面聲明，可以為整間企業的經理人設立榜樣。滙豐銀行的安東尼奧．西摩斯經常在公開與私人會議中發表與同志議題有關的演說。「領導者把LGBT包容性掛在嘴邊是很重要的，但大家往往都低估了它的重要性。」他說。「如果你住在倫敦、紐約或甚至香港這些多元開放的大都會，你可能不覺得有必要談LGBT包容性。但即使是在英國，在我們的五萬名員工裡，總會有人找不到歸屬感。如果你說，與眾不同也沒關係，他們會感到更有信心。我經常收到世界各地滙豐銀行分部的員工寫給我的電子郵件，數量多得令我訝異。他們說：『我覺得你的演說非常鼓舞人心，我非常高興能在一家真正尊重多元性與專業能力的銀行工作。』」[3]

認真關注LGBT包容性的執行長，會花時間宣揚他們的觀念。二〇一二年，LGBT領導者年度會議「站出華爾街」的主辦者，邀請了十一個組織團體的領導高層，討論華爾街的LGBT包容性。美國銀行美林證券、高盛集團等美國大銀行的現任執行長首次齊聚一堂，表達對LGBT平等的支持。[4]世界各地後續舉辦了許多場類似會議，吸引了更多銀行界、會計界與相關服務領域的執行長與高層領導者參加。

二〇一二年十一月，我在其中一場會議擔任座談主持人。我覺得講者們很顯然像是牧師對信徒唱老調。我的老朋友、也是英國石油的前同事保羅．利德，也在這場會議中擔任講者。他認為，這些會議有兩種好處。第一，講者可以互相分享最佳做法；第二，媒體會公開報導他們的發言，公司出席會議的新聞會傳進員工的耳朵裡。保羅在這場會議的發言，獲得倫敦《泰晤士報》（*The Times*）的報導，後來又在倫敦《標準晚報》與《同志星聞》（*Gay Star News*）轉述。「有成千上百個英國石油的員工看到新聞，我也因此收到很多內部郵件。」利德說。「新聞知名度確實鼓勵了英國石油內部更接納出櫃員工。」[5]

再精彩的演講也無法創造長遠的行動，但沒有高層設立正確的方向，任何改革都不可能發生。領導者有沒有嚴肅看待多元性與包容性議題，也反映在企業的結構上。今天財星五百大企業中，大約六〇％都設有多元文化長一職，專職多元文化與包容性。[6]企業在財星五百大的排名越是前面，就越有可能有這樣的職位。[7]

給負責多元文化的經理一個執行高層的頭銜，可以大大提升這個職位的重要性，也傳達出企業重視多元文化的強烈訊息。二〇〇〇年，我聘請了派蒂・貝林傑（Patti Bellinger）主導英國石油的多元文化與包容性運動，我給她的職銜是集團副總裁，她成為掌管全公司十萬名員工的四十位集團副總裁之一。要給她一個重要的角色，首先就是要給她一個重要的頭銜。

當然，如果企業最高層執行長不聽經理人說的話，頭銜再大也沒有意義。在美國，負責多元文化與包容性的經理人中，只有四分之一直接隸屬於執行長；大多數的多元文化經理人都隸屬於其他部門，通常是人力資源部，[8]這個角色因而落於無用武之地。「如果你向人資部門主任報告，他可能感覺你在攻擊他最支持的事情。」貝林傑說。「你的目的是改變個人，贏得他們的心。但你也得努力促成企業整體的改變，有時候這代表你得改革或重新檢視現存的人資程序，這可能構成特別的挑戰。」[9]

雖然人力資源是企業核心功能之一，但不見得人人都把它視為企業關鍵目標的一部分。英國「平等暨人權委員會」（Equality and Human Rights Commission）前主席崔佛．菲利浦（Trevor Phillips）相信，只有當現實有所需求，人們才會努力改善多元文化與包容性。「推動改革不應該是人資的責任。」他說。「事實上，應該是市場行銷負責。」[10]領導者想帶動變革，必須將多元文化與包容性視為商務議題，而不是附帶的功能。在英國石油，我個人關心多元文化與包容性。但我也認為，缺乏多元與包容會威脅生產力與創造力。貝林傑最初是在英國石油的人力資源部門服務，但很快地主管就給她充分自由，讓她掌管企業倫理、法律顧問、行銷與招聘。她的上司是副執行長，不是人資主管。

如果執行長認為一件事是重要的，他（她）就必然會動員「親信」們，也就是那些獲得執行長信任，有能力完成使命的人。雖然貝林傑的上司是我的副手，但她和我經常互相溝通，我們的親近程度大家有目共睹。有時她與某個頑固的執行高層起摩擦，她知道她可以說：「我們是不是應該和約翰討論一下這件事？」事情就可以解決。公司最高層的方向很清楚，我們看待多元文化的態度非常認真嚴肅。

領導者必須與公司政策並行不悖，即使在處理外界供應商時也不例外。絕大多數重要的成功企業，要求他們的供應商必須沿用他們對安全性、誠信、員工待遇的重視態度，才有做生意的入場券。企業必須確保供應商的內部政策也反映他們對ＬＧＢＴ員工的政策，否則企業可能會損及自身的價值，也稀釋了企業包容性的訊息。

例如ＩＢＭ的供應商準則明列，供應商不得基於性傾向、性別認同或表現給予歧視待遇；準則中也聲明，ＩＢＭ不會容忍ＬＧＢＴ員工受到任何騷擾以及薪資、福利或升遷的不平等。[11]與客戶對抗有時不容易，但有些企業確實做得到。克勞蒂亞．布蘭伍蒂十分堅定，ＩＢＭ不會把商業利益放在價值觀之前。「過去我們有客戶不喜歡黑人或女性業務代表，」她解釋道。「我們說，『那麼好吧。我們不會派黑人或女性給你。事實上，我們一個人也不會派給你，因為我們不想要你成為我們的客戶。』」[12]

LGBT資源團體

執行長設定了主調後，應該從企業執行高層到各部門主管，向下層層擴散；但往往事不如人願。溝通的效率經常不彰。中階經理忙碌於企業的緊急或日常工作，可能無法成功傳達訊息。LGBT團體的領導者確實撥出時間來處理包容性問題，因此這些團體可以幫忙把訊息傳出去。

LGBT團體的活動五花八門，而且富有創意。康寶湯公司（Campbell Soup Company）的LGBT團體叫做「開放」（OPEN），他們辦過一個照相日，邀請所有員工，無論是異性戀或同志，帶他們家人的照片上班。這個活動給了員工一個自然而不強迫的方式，來透露自己的性傾向。在英國石油的休士頓分公司，LGBT團體曾經帶杯子蛋糕與冰箱磁鐵到辦公室，一般的磁鐵上會寫「帶你家孩子來上班！」他們的磁鐵上寫：「帶你的真實自我來上班！」

二〇一二年，高盛集團倫敦分公司的LGBT資源團體選擇雙性戀作為那一年的活動主題。作為六月同志驕傲月的系列活動之一，他們邀請一位雙性戀導演到他們的辦公室為他的紀錄片舉辦首映，紀錄片的主題是雙性戀，電影結束後舉辦座談會討論雙性戀議題。這個活動歡迎高盛集團倫敦分公司的所有員工參加。高盛董事總經理，同時也是歐洲、中東與非洲區域（EMEA）的LGBT網絡主管蓋文．威爾斯（Gavin Wills）表示：「作為人際網絡，我們一向致力於盡可能擁抱並支持LGBT族群裡的每個不同團體。這部紀錄片是幫助人們了解雙性戀者觀點、開啟多元討論的最好契機。」[13]

Google的同志員工管自己叫「Gaygler」，許多同志員工都會參加同志遊行，無論是舊金山、都柏林或班加羅爾。二〇一二年，他們參加了紐約市遊行，他們的隊伍之後是一台漆著彩虹旗幟的雙層巴士。Google的LGBT資源團體有一支影片，裡面有華沙、台拉維夫、新加坡等全球辦公室的員工，談著在Google當個與眾不同的人有多麼輕鬆。「我是個跨性別者，我就是在Google工作的期間變性的，」Google加州山景市辦公室的員工譚美說。「我不光是可以大方說『我是跨性別者』，更棒的是，我最常得到的反應是『好酷！多告訴我們一點』。能在這樣的地方工作，讓我非常驕傲。」[14]聖保羅辦公室的荷奧說，當他週一來上班時，可以很安心地「聊我的週末做些什麼、我有沒有和男友出去旅行，或到同志常去的餐廳吃飯。」

直同志夥伴

在絕大多數情況下，設定企業方向的人往往是異性戀者。在美國大型銀行富國銀行集團（Wells Fargo）工作的瑞娜・布朗（Renee Brown）說，「活躍的直同志（對同志友善的異性戀）夥伴」是同志員工最有效的代言人。她說：「已婚的異性戀者才能開始改變人們的觀點。他們的孩子、好友或親戚可能是LGBT，他們對這個議題充滿熱情，而且覺得教育與分享經驗是很重要的。當直同志與我們站在一起，改變就會成真。」[15]安永會計師事務所包容性主任克里斯・克里斯波（Chris Crespo）表示，直同事為他們的資源團體「超越」（Beyond）灌輸活力，角色非常重要。「上次我們用團體的電郵名單做調查，發現五八％的人其實是直同志夥伴。」她說。[16]

資深領導者應該創設正式的「直同志計畫」，鼓勵異性戀員工支持ＬＧＢＴ包容性，並親身參與其中。全球顧問公司埃森哲（Accenture）的員工，會把寫著支持文字的橫幅放在電子郵件的底端；高盛的同志支持者會在桌上放「夥伴帳篷」，這些帳篷寬三英吋、長二英吋，上面有一道彩虹做裝飾。美國鋁業公司（Alcoa）、巴克萊銀行（Barclays）、戴爾電腦（Dell）都貼出了海報。在沃爾瑪的總部，支持同志的執行高層會配掛印有沃爾瑪商標和彩虹的胸針。[17]

美國銀行美林證券在二〇一三年六月開創了直同志夥伴計畫。在開辦的前五個月裡，就吸引了超過兩千名員工報名參加。報名者會收到一份歡迎郵包，解釋他們可以如何「在朋友出櫃的過程中盡一份力」。他們也會收到貼紙、海報和一張寫著支持同志的名人清單。這張清單裡包括惠普的梅格．惠特曼（Meg Whitman）以及亞馬遜（Amazon）的布魯斯．史普林斯汀（Bruce Springsteen）。有一份清單列了十條守則，教導如何與異性戀同事討論自己與ＬＧＢＴ朋友、家人的經驗；如何自願當ＬＧＢＴ員工的導師；在見到恐同或刺傷情感的行為時該如何挺身而出。

恐同辱罵顯然是個不能接受的例子。即使工作環境裡有各種適當的政策，如果有人說出一個不當的笑話，或一句反同志的字詞，同志員工聽在耳裡，都會不由得擔心被排斥或低人一等。在這種情形下，異性戀領導者與有志支持者，必須毫不猶豫地做出反應。

刺傷感情的行為不僅僅是輕蔑的言語，也包含所謂的「微型不平等」，也就是假設每個人都是異性戀者，或異性戀比同性戀優越的動作與行為。例如有些人假設每個男人都會和女人結婚；或者為了不讓同志朋友感到不舒服，刻意不聊他們的另一半，但卻會和異性戀同事聊他們的先生太太。美國銀行美林證券推動這樣的計畫，目的是讓人們對這類議題更敏感。在公開場合，默克藥廠（Merck）前多元文化長黛博拉・戴吉特（Deborah Dagit）都稱她的先生為夥伴，讓LGBTA族群（「A」代表直同志夥伴〔straight allies〕）知道她支持同志。「你不需要花多少力氣、勇氣或創造力，就可以成為一個支持包容性的夥伴。」戴吉特說。「你只需要知道，語言文字是很重要的——你選擇用什麼樣的字辭，反映了你開放心胸的意願。」[18]

目標與測量

數十年來，雇主漸漸了解追蹤女性與少數族裔的職涯成長是很重要的。透過資訊的幫助，企業可以找出雇用、升遷與工作表現中發生的問題。隨著時間，資料可以幫助經理人判斷他們的努力是否能達成效果，該如何調整與改善進步的速度。

雇主開始逐漸將對於多元文化的關心，延伸到性傾向與性別認同。根據人權運動基金會二〇一四年發表的企業平權指數，在美國的七百三十四個受評估公司裡，幾乎有一半允許員工（在匿名或保密狀況下）透露自己的性傾向或性別認同。[19]二〇〇六年，這個數字只有一六%。[20]

安永會計師事務所每兩年會進行一次調查，以了解員工投入程度與工作滿意度。自二〇〇八年起，安永就開始在調查中請員工透露自己的性傾向。「除非你能透過人資程序計算出你造成的效應，不然什麼成果都達不到。」克里斯波說。「在安永，我們正嘗試使用我們的『全球人員調查』數據，來看看人數、工作滿意度與員工參與度的結果和趨勢有沒有什麼變化。」[21]

莎莉絲．貝禮（Selisse Berry）是「職場出櫃平等倡議者」的創辦執行長，該公司總部位於舊金山。她說企業在收集這類敏感資訊時，應該保持耐心。「當你首次拿出自我揭露的問題時，許多人（特別是未出櫃的人）看了會心跳加速，告訴自己說『我才不會出櫃』。第二年，他們再次看到這問題時，反應就不會那麼大了。第三年，他們可能就會在格子裡打勾了。」[22]

提升回應率最好的方法，是採取各種必要步驟，以保護問卷的隱私，並解釋為什麼管理部門對他們有興趣。當摩根大通集團第一次進行匿名的「全球員工意見調查」，只有二％受訪者透露自己是ＬＧＢＴ。第二次調查，摩根大通不允許員工匿名，但管理部門強調所有問卷都會保密。透露自己是ＬＧＢＴ的比例增加了幾乎一倍，達到四％。[23]自我揭露是進步程度的關鍵標準。

個人責任

一個組織的領導者有責任貫徹自己的諾言。但建立一個富有包容性的環境，不光是領導者個人的責任。如果每個人不自己負起責任，變革就無法成真。

二〇〇三年，克里斯波開始請安永會計師事務所的同事討論ＬＧＢＴ議題。當時安永還沒有ＬＧＢＴ員工的資源團體。然而，大約四十名來自不同階層的員工開始參與非正式的討論會，討論他們的觀點以及在職場出櫃的問題。在一次團體電話會議中，大家發現麥可．塞爾斯（Mike Syers）是唯一參與討論的資深合夥人。克里斯波問他，是否願意用他的職位來幫助她聯繫，創立專業人際網路「超越」。塞爾斯向公司外的朋友與同仁徵詢意見。「他們給我的建議是，『你才剛加入這家公司。你還不知道你在這家公司以後會走到什麼位置。何必畫地自限，幫自己貼個標籤？』」但塞爾斯參與了討論會後，卻做了不同的決定。他知道有些同志員工對於在職場出櫃猶豫不前。「重點不是我自己，」塞爾斯說。「重點是創造一個平台，推動變革。因為遇到像克里斯波這樣熱情又有決心的人，讓我決定要親身投入。」[24]

塞爾斯和克里斯波後來會見了安永的資深副總裁、後來成為全球營運長的約翰・法拉洛（John Ferraro）。法拉洛很有興趣了解某些員工在職場上感到的不舒服。「我們坐下來，拿出我們孩子的照片。」塞爾斯回憶道。「我有一個女兒，克里斯波有三胞胎，我們聊起來，開始認識約翰。」法拉洛立刻表示支持。不久後，「超越」就誕生了。

二〇〇五年，安永成為美國四大會計師事務所中，第一個獲得企業平權指數滿分的事務所。之後，安永每年都連續獲得滿分。就如同塞爾斯和克里斯波的經驗，你要先開口問，才能獲得想要的東西。我們必須鼓勵他們一起指出問題所在，推動創造包容性環境的解決方案。接著，他們必須掌握自己的職業生涯。「我們的公司關心這件事、他們支持我們，我們感覺靠自己的力量可以讓事情變好。」塞爾斯說。「從第一天起，我們公司的許多資深領導者就已經是我們的夥伴了。」

模範人物與他們的故事

本章所述的各種變革想要走得長遠，必須與世界級的領導者攜手並進。第一步，是企業頂層設定一個清楚且一致的方向。我曾發言強調多元文化與包容性有多麼重要，但自己卻仍躲在衣櫃裡。我知道，我不是第一個也不是最後一個這樣的高階主管。同志員工希望領導者給他們正確訊息，但如果大家把企業政策與發言看作是表面功夫，或甚至心口不一，同志員工只會感到困惑。最後只剩冷感麻木。

高層的方向必須伴隨著故事，讓包容性的議題顯得更為真實。已出櫃的員工應該開口講述他們的經驗，因為沒有什麼比真人真事更能驅散恐懼。管理高層應該把他們推舉為楷模，他們是表現優良的典範；尚未帶著真實的自己來上班的人，應該讚美、效法他們。企業政策與LGBT團體創造了出櫃的好環境，但楷模證明了出櫃的人真的可能成功。他們給未出櫃的員工鼓勵與靈感。

英國的男女同志與雙性戀平權組織「石牆」執行長班・桑默史基（Ben

Summerskill）相信，任何企業都應該認真思考如何招募、留下最頂級的人才。「這幾年，人力市場發生了劇烈的變化，其中一方面是年輕人開始對企業說：『你這麼努力鼓吹多元文化，但請你做給我看。』」桑默史基說。「做給年輕同志看——或是給年輕黑人或年輕女性看——讓他們知道你的企業會支持他們的職業生涯發展。方法只有一種，就是你能指出企業高層也有像他們一樣的人。」[25]

企業必須表揚這些成功故事，但找出失敗案例也是同樣重要的。對正在考慮出櫃的員工來說，誠實面對錯誤發生之處，是贏得他們信任的關鍵。只宣揚成功是不好的；企業也應該講述一些心中不平或待遇不周的員工故事。

從勇敢的政治人物到成功的LGBT網絡，從全國性的迫害組織到工作場合的恐同個人，成功與失敗的故事必須再三覆述。在我的經驗中，這是讓改革深植組織的唯一方法。

在保守國家工作

雖然許多國家有長足的進步，但截至二〇一三年底為止，全世界仍有超過三分之一的國家把同性戀視為犯罪行為。人權尊嚴基金會（Human Dignity Trust）執行長喬納森・庫柏（Jonathan Cooper），正在努力推翻這些法律。「在這些國家，同志不只可能被逮捕、拘留、起訴，也冒著被剝削、虐待、侮辱的風險。」庫柏指出。「風險可以是低度的侮辱，例如警察要男同志清洗警車；但也可能更嚴重，例如警察因為受害者是同志，故意不調查嚴重犯行。男女同志簡直受到罪犯般的待遇。」[26]

在這些國家工作的LGBT員工，比起住在紐約和倫敦等開放國度的員工，面對更嚴峻的挑戰。LGBT資源團體為這些員工扮演的角色，將更加重要。

貝恩策略顧問公司（Bain & Co.）的同志團體稱為BGLAD，每年為其成員舉辦一次研討會。他們邀請世界各地的LGBT員工一同前來參加七天的活動。外人看來也許覺得這活動像是休閒聚會，但這個研討會讓來自小型辦公室的員工有機會看見，貝恩組織內還有其他像他們一樣的人。「這個活動對我們在印度、中國和杜拜的同事，影響最大。」位於倫敦的成員克里斯・法莫（Chris Farmer）說道。「他們很少有機會見到這麼一大群LGBT人士齊聚一堂，而且對自己的身分處之泰然。這成了他們最大的支持網路。」[27] BGLAD的電子郵件清單，全年無休地傳達這份支持。電子郵件讓團體成員能與成千上百位LGBT人士聯繫，讓他們可以尋求諮詢建議。

在保守國家，包含異性戀員工的「夥伴團體」（allies group）之存在特別重要。夥伴團體能讓企業的LGBT多元性計畫，擴張到平時缺乏LGBT組織的地方。團體中有異性戀者，讓這些團體較不具爭議性，也讓LGBT人士在加入這些團體時不需出櫃。[28]「我們在二〇〇九年創辦了印度LGBT團體，」高盛集團亞太地區全球領導與多元性辦公室主任史蒂芬・戈爾登（Stephen Golden）說道。「在那之後，我們的團體逐漸成長，現在有超過三百個員工加入，包括出櫃的LGBT專業人士與直同志夥伴。」[29]

如果一家公司下了最深的決心推廣ＬＧＢＴ多元文化，他們就絕對不會輕易更動公司政策，即使在最艱難的環境下。比如說，ＩＢＭ的營運據點遍及一百七十個國家，包括非洲與中東國家，但它不允許自家的反歧視政策有任何調整。ＩＢＭ的反歧視政策比許多國家的法律標準更高，禁止以性傾向為由的歧視與騷擾。當地政府了解跨國大型企業對創造就業機會與當地經濟的重要性，這樣的政策向他們傳達強烈訊息。「我們希望當我們的ＬＧＢＴ員工發展職涯時，他們能與其他員工一樣有機會派駐各國，」布蘭伍蒂說道。「我們非常注重ＩＢＭ企業範圍內的職業生涯安全。」[30]

對派駐在保守國家的ＬＧＢＴ員工來說，他們的生活並不僅限於辦公室的小天地。他們可以在公司範圍內出櫃，但他們必須小心在商界互動與街道上可能出現的危險。重要的是，如果經理人鼓勵同志員工派駐國外，員工應該開誠布公地與經理人討論他們可能面對的挑戰與危險。員工當然應該自己做研究調查，但公司至少應該提供關於這個國家ＬＧＢＴ族群法律地位的最新資訊，並解釋風險。在某些狀況下，公司若想讓同性伴侶獲得認可，會遭遇不少困難。比如說，英國男女同志倡議團體「石牆」，鼓勵企業為在恐同國家工作的同志員工建立特別程序。石牆解釋道：「同志員工可能需要醫療保險，才能在他們的伴侶需要治療時，可以飛回英國或第三國家。因為像一場車禍這樣的普通傷病，都可能會讓同志員工在最脆弱的時候面臨歧視。」[31]

同志員工不該被迫同意難以接受的外派要求。公司也不應該讓他們擔心，如果他們拒絕外派的要求，可能會影響長期職涯發展。跨國律師事務所西盟斯（Simmons & Simmons）的員工，可以在保密狀況下與人資部門討論，無須公開他們的性傾向。隨後他們可以討論其他的外派可能，或回母國的次數，或甚至遠距工作的可能性。[32]

威廉是一家大型國際顧問公司的顧問，他經常與中東客戶合作。他很喜歡處理能源領域的案件，這個區域有最讓他興奮的機會。他的身分對辦公室裡的每個人都公開，但不對他的中東客戶公開。碰到有關他私生活的問題，他利用反問他們文化與習俗的方式巧妙避開，他知道客戶會喜歡分享文化習俗。「當他們問我結婚了沒，那只是想對我釋放善意，而不是有意讓我為難。」威廉說。「我不會因此覺得尷尬。但在保守的穆斯林國家，我不想背負著出櫃的包袱。出櫃沒什麼幫助。」[33]

有些企業高層人士相信做自己很重要，即使在艱難的環境下亦然。在他們高層地位的保護下，他們可以在所處的環境裡創造變革。一九九〇年代中期，伊凡．史卡法洛特（Ivan Scalfarotto）搬到莫斯科，成為花旗集團在俄國、烏克蘭與哈薩克的人力資源部門主管。在他抵達後不久，公關辦公室希望能在公司新聞報中刊登一則與他的訪談。他們問了他一系列的問題。十天後，他的人力資源部副手來敲他的門。她來告訴他，當公關辦公室請他描述自己的家庭時，他說他有「一個伴侶和一隻貓」，他們對這個回答感到很不安。

史卡法洛特記得她是這樣解釋的：「在俄文翻譯裡，『我有個伴侶』聽起來就是不對勁。他們會建議你回答『我沒結婚，而且我有一隻貓。』」他拒絕修改。「我說，『我不想拿虛假的自己示人。我希望能告訴大家真實的自己。我希望能說我和某個人住在這裡。我不在乎在俄文裡聽起來好不好，所以請如實刊登我的回答。』」[34]

幾天後，他收到某位未出櫃員工寄來的電子郵件，感謝他誠實受訪。「我對於擁有像你這樣的人資主管感到非常驕傲，」信裡寫道。「我覺得你非常勇敢。請不要告訴任何人我曾經寫信給你。」

展望

世代變遷正在讓LGBT包容性的問題逐漸消融。反對同志人權的人士正在凋零。越來越多年輕人願意出櫃，而且有越來越年輕化的趨勢；他們也鼓勵了同儕，加入出櫃的行列。他們帶著過去世代不曾想像的信心踏入商界。不過這份信心的強度因人而異，如同我在許多訪談中發現，許多公開身分的同志仍希望保持匿名，以避免冒犯雇主或危及未來的職業生涯發展。然而，我仍樂觀地相信，我們正在朝正確的方向前進。革新正在發生。要成為一家上市公司的執行長，也許需要二十五年的時間；今日公開身分的同志員工成為明天的執行長典範，只是時間的問題罷了。

但改革不能只交給時間。在我的經驗裡，本章所列的實際步驟是開始改革的第一步，但這樣還不夠。政策、資源團體、夥伴計畫，都是企業必須建立推動的變革。

企業需要適當的領袖人物，將這些計畫化為行動。企業需要的領導者必須要能全然了解真實做自己的重要性，並且知道企業必須投資情感與人力，才能幫助LGBT員工可以自在地在職場出櫃。隨著企業界出現新一代的領導者，這個觀念也會越來越普及。但如同本書裡的故事所顯示的，改革需要長期的關注。

CHAPTER 9

衣櫃之外

我絕大多數的成年歲月都覺得自己坐困愁城，沒辦法向全世界展露真實的自己。我過著雙重的生活，充滿祕密與孤立感，連我最親近的人都被隔絕在外。這種情形從我在學校的時候就開始了，在那時的英國，同性戀還是違法行為。隨著我進入一些恐同的產業環境後，我的孤獨感有增無減。在我的領導下，英國石油從一間中型公司轉型成為全世界第三大企業。同志的身分沒有傷害我的事業。但隱瞞我的性傾向讓我非常不快樂。我直到最後一刻都還在玩著啞謎遊戲。害怕曝光的恐懼囚禁了我。我最近上BBC談到這件事，一位將近七十歲的聽眾寫信給我，他說我們是「失落的一代」。[1]

隨著我身邊發生一件又一件的改革，我的焦慮卻持續不斷。我在英國石油的最後六年中，我看見英國ＬＧＢＴ族群的處境在各種重要的層面都在逐漸改善：法律、社會、政治。二〇〇〇年，英國國軍廢除了公開身分同志不得從軍的禁令。批評者預測廢除禁令會導致大量軍人辭職；事實上，這種情況不曾發生。[2]次年，英國政府降低了同性戀法定年齡，讓同性戀與異性戀的法定年齡相同。二〇〇二年夏天，艾倫・鄧肯（Alan Duncan）成為第一位公開出櫃的現任保守派國會議員。「在現代社會裡，政治人物不可能活在偽裝中，」鄧肯說。「保守派的態度向來是『我們不介意，但是請不要說出口。』但是，這種態度已經不管用了。」[3]

英國石油加入時代的潮流，努力成為進步的象徵。二〇〇二年夏天，我宣布英國石油的招募計畫將史無前例地針對少數族裔（包括男女同志）進行，而且英國石油會為同志伴侶提供平等福利。[4]十月，倫敦《週日泰晤士報》（*Sunday Times*）認為我的聲明象徵著「倫敦市的改革正在加速」。[5]多年來，英國石油不斷地進行內部改革。我一面推動著改革，一面小心不要讓別人懷疑我是同志。我每發表一篇不帶感情、事不關己的ＬＧＢＴ聲明，都要感到陣陣苦惱，好像自己做了什麼錯事。我的聲明論理有據，但不帶任何個人情感。

社會進步無法遍及每個人的生活。身為執行長，我覺得自己無法像政客、公眾人物或甚至英國石油的員工一樣自由出櫃。我不想讓英國石油捲入任何醜聞，我也不想傷害公司在保守國家的地位；我們在這些國家為成千上萬人創造了就業機會。我的擔憂不完全與商業有關。從個人層面來看，我活在謊言中這麼多年，不希望讓身邊好友知道，更別說是同事了。

我相信有些人還是很難理解，當社會對LGBT族群的接受度越來越高，為什麼我還對出櫃遲疑不前。在我辭職幾天後，記者馬修．派里斯（Matthew Parris）寫了一篇振振有詞的社論，說明了我的恐懼。他認為我屬於一群活在衣櫃裡的世代，我們可以看見社會進步，但無法獲得進步的所有好處。

「像約翰．布朗這樣的人，不幸地恰好在這段變動的時期進入權力與注意力的核心，」他寫道。「他們的職業生涯橫跨兩個時代。當他年輕職業生涯正開始時，一個公開同志身分的低階執行主管是不可能晉升到金字塔頂端的。他只能選擇獨身，或選擇明哲保身到近乎欺騙的程度。隨著時間推移，社會態度開始改變，他已經來不及隨著改變，因為這等於推翻了他從一開始往上爬所仰賴的形象。現在他曝光的風險已經太高了。」[6]

回顧過往，我絕大部分的恐懼顯然都是沒有根據的。我現在知道，人們能理解男女同志面對的壓力，因此可以寬恕那些選擇隔離自己一部分生命的人。我低估了朋友與同事有能力接納完整的我。大部分的問題都源自我的腦海，而不是他們的。當我被迫承認自己的性傾向時，我經歷了許多令我痛苦的時刻，但最終我的世界仍繼續運轉。我也低估了那些已經知道（或懷疑）我是同志的人究竟有多少。無論你以為自己隱藏真實自我的技巧有多好，最親近你的人和觀察入微的陌生人都可以透過衣櫃的門縫看見你。許多人正靜靜地盼望你能自己好好地走出來，否則總有一天會有人把你硬拖出來。

如果我當時知道現在所知的一切，我就會選擇早點出櫃。我可以更平順地離開英國石油，而且更重要的是，帶著尊嚴離開。我本可以為英國石油和整個商業界的男女同志設下一個鼓舞人心、令人信服的好典範。我的故事裡有一個關鍵部分是不會改變的。這正是我希望大家自己體驗的部分。派里斯在他的社論裡做了如下的預測：「無論布朗勳爵將會在接下來的幾個星期裡經歷多少折磨，痛苦最多持續到年底。總有一天，早上他醒來時，會突然發現他頭上懸著多年的利劍消失了。這天早上，他的苦痛裡必然會帶著一絲輕鬆。」[7]

解放

自從我在二〇〇七年出櫃後，社會進步的腳步又更加快了。許多社會越來越能擁抱多元文化與LGBT族群。同志的朋友與家人經常為他們的出櫃喝采。還是有些人很難接受LGBT社群，但他們往往是屬於我這一代或年齡更大的族群。他們絕大部分的子女和孫子孫女，不會和他們有同樣看法，也更可能認識同志朋友，或在大眾文化中看見正面的同志形象。現在英美大多數的民眾支持男女同志享有平等權利，包括婚姻權與職場保護。全世界越來越多人把同志權視為人權的一部分。尊重同志已經不只是寬容社會，更是文明社會的指標。接納LGBT族群的社會有著共同的道德觀，這份道德觀最終能加強國家之間的聯繫。不接納LGBT的社會，將被視為倒退的社會。他們會被時代遺棄。

支持同志的觀念也進入了商界中。我很確定，必須仰賴支持多元文化的政策、LGBT資源團體和其他代表包容性的計畫，才能營造出一個讓同志可以安心出櫃的環境。想消除職場歧視，並給人們出櫃的信心，商界的每個人都需要隨時保持警醒。有些企業走在前面，有些企業落後。我們可以觀察領導者的思維與行動，據此評量帶頭者與落後者之間的距離。好的企業領袖給人們灌注自信，讓他們能做自己。公開同志身分的高階經理人有絕佳的機會昭告眾人，出櫃不會限制一個人成功的機會。在英國石油，我沒有公開同志身分的學習楷模，也沒有其他執行長的先例可循。在沒有同志典範的情況下，不幸地，我也無法成為他人的典範。

問題的解答，很重要的一部分是在於領導者。然而，LGBT員工自己也應該負起推動改革的最終責任。出櫃並且表現良好的人越多，他們身邊的人想跟進就更容易。領導者可以鼓勵員工更有自信，但只有員工自己才能憑著這股信心出櫃。

輝瑞藥廠的公關執行長莎莉・薩斯曼說，她曾經不得不面對選擇：是要否認自己有個相處二十五年的伴侶，還是要做真實的自己。「我在左手無名指上戴著戒指。有次我在工作面試時，面試官問我：『妳先生是做什麼工作的？』」薩斯曼說。「他是一位老先生，他沒有惡意。在那一瞬間，我得決定要當哪一種自己。我試著盡可能保持禮貌與親切。我告訴他，我很幸運有個很棒的伴侶，她一直很支持我的事業，我希望有一天他可以認識她。後來我拿到了那份工作。我想，我能拿到這份工作，是因為他充分相信我。」[8]

隨著新的世代晉升到具有影響力的職位，現在的許多問題將會在未來的數十年中獲得解決。今天公開同志身分的執行高層正是他們學習的案例。然而，我們有充分理由心急，不願意再等待。當我為寫作本書進行研究時，看到未出櫃員工的焦慮經驗不禁讓我難過，他們當中許多是近三十歲的年輕人。他們這個世代享受著比過往任何一個世代更多的自由與開放。但基於各種個人處境與經驗，這些年輕男女仍舊被恐懼所困。有些受訪者不願透過電子郵件交談，因為會留下痕跡。其他人不願在公眾場合會面，因為他們害怕被別人看到和同志共處一室。所有他們的恐懼更讓我堅信，在三十年內仍然會有人不願出櫃。不過，我希望他們會是極端特例而不是常態。

對那些選擇出櫃的人來說，必須記得社會裡仍有偏見，仍會持續歧視許多族群。對婦女的歧視、對少數族裔的歧視、對殘疾人士的歧視。還有對矮個子、老人與過重族群的歧視。同志不是特例。

重要的是，要保持警覺。但同樣重要的，是知道人們有時會說些不經大腦的話。人們會說低俗的笑話。人們會假設他們面對的每個人都是異性戀。但這些情形比起長期騷擾相對輕微許多。大家必須有信心，能分辨有些行為是思考不周，而有些行為是惡意攻訐。

未出櫃的同志還不能完全明白，他們的祕密對自己實際上造成了多大的負擔。活在衣櫃內的雙重生活，會消耗許多心靈能量；但有些人相信，這是長期而且健康的生活之道。

但活在謊言裡的代價太高了。討厭你的性傾向的只是少數人，你的生活不應該建立在討好那些人上。許多人能尊重真實的你，而不是你假裝出來的自己，生活應該建立在與這些人創造有意義的關係上。如果你對那些不贊成你的性傾向的人卑躬屈膝，表示讓他們過得舒服，比你自己過得舒服還重要。這是不對的。許多人沒有體認到渣打銀行執行長彼得・桑茲所說的「地下生活的隱性成本」。[9]

我們都希望人生不要留白。要達成這個目標，工作是最顯而易見的途徑之一。出櫃讓我能把私人與專業兩個世界合而為一。雖然我不再是執行長，但我仍保有高度的生產力。從某些層面來說，我很確定我的生產力甚至更高了。我不再浪費時間、努力東躲西藏。

現今許多LGBT人士享受的自由，是建立於數百年來人們的犧牲與成功上。啟蒙運動的思想家質疑，領導者為什麼可以將性身分視為犯罪。一些心理學家為了讓同性戀歸類為生活正常的一部分而非精神疾病，努力奮鬥。活躍份子、藝術家和政治人物，即使面對羞辱與暴力，仍勇敢發聲。大衛・霍克尼在畫作裡大膽地表現同性戀，詹姆斯．鮑德溫（James Baldwin）勇敢地分享在異性戀的世界裡身為同志的孤寂。石牆旅店的扮裝皇后說過，他們不會再對壓迫忍氣吞聲，群起反抗手持警棍與手槍的警察。哈維．米爾克（Harvey Milk）在舊金山以支持同志權益為口號競選，後來不幸遭到謀殺。每個同志都承繼了過往LGBT前人的記憶，那份環境更為嚴苛、更不願接受異己的時代記憶。從男同志被送上火刑台燒死的中古世紀，到殺死同志的納粹，再到今天活在世界某些角落仍受壓迫的LGBT男女，社會的進步向來都不是齊頭並進，也非永恆不變的。

在我寫作本書的一年中，我學到了許多人為了活出真實的自己，而做出的巨大犧牲。多虧有他們，現在的我們能比過去更抬頭挺胸。我了解，許多企業、企業領袖以及員工，今天已達成種種成果，營造出更好的工作環境。這樣一來，他們同時也在創造一個更健康的社會，並且透過各種重要的措施，確保我們學到過去的教訓——希望這是最後一次教訓。他們所做的努力，加上社會大眾觀念的轉變，創造了世界大多數地區史無前例的風潮。從本書的各種故事中應該可以明顯看出，LGBT族群面對的挑戰正在消逝。但我們仍需時時警醒，避免重蹈歷史的黑暗面。對少數族群的迫害，是歷史最常反覆發生的悲劇之一。

有機會能自由生活的同志，應該把握這個機會。企業已經做了很多努力勾勒出願景，但只有LGBT人士與他們的支持者持續耕耘，這份機會才能成真。同志不應犧牲自己的幸福快樂，只為了討好某些觀念陳舊的人。把自己放在前面並不是自私。當你能展現真實的自己，你能做得更多，讓世界變得更美好。

我的結論是經過深思熟慮才得來的。我聽取了歷史的警告。我也聽取了年輕人或老年人的想法，為什麼在他們所處的環境中，出櫃可能會影響他們的事業。這裡的關鍵字是「可能」。

出櫃的那一剎那，可能會令人膽戰心驚。但身為一個以非常公開的方式出櫃的同志，我可以告訴你，出櫃會迫使你更真實、更透明也更勇敢。到頭來，這些特質會讓你過得更好，無論你已經爬了多高，或你還有多遠的路要走。在絕大多數的情況下，回饋絕對超過風險。

踏出這一步，才能打碎玻璃，展露真實美麗的自己。你的思路格局會更大、目標會更寬闊，也會比困在櫃中的你更堅強自信。

ACKNOWLEDGEMENT

致謝

我是在天寬地闊的智利巴塔哥尼亞（Patagonia）完成這本書的。火山、峰巒、河流、無人居住的雨林，鮮明地提醒了我，人類其實微不足道。在宇宙時空的廣大向度中，沒有什麼是永恆不變的。然而，在我們所處的時間與環境中，有很多事的意義重大，而且會影響我們的生活。這本書反映著二〇一三年的某一個時間點，我希望本書能獻給那些因為身為男女同志、雙性戀或跨性別者而感到孤單、與眾不同、傷痛或困惑的人。我也希望本書能鼓勵占社會多數的異性戀者站出來，給LGBT族群歡迎、包容與尊重。

沒有眾人幫忙，就無法完成這本書。有許多人同意接受訪談，慷慨地讓我占用他們的時間。我非常感謝他們。他們的名字列在致謝辭之後。我也感謝那些同意為了本書接受訪問，但希望保持匿名的人。我希望有一天，他們會考慮告訴全世界自己真實的一面。

蓋爾・雷布克（Gail Rebuck）最早找上我，建議我寫一些關於身為同志在商業界的經驗；她是這本書的「教母」，我很感謝她給我寫出這本書的信心。

本書從構思到出版，我的經紀人艾德・維克托（Ed Victor）提供了一貫的明智建議。我在英國藍燈書屋（Random House）的出版人艾德・福克納（Ed Faulkner），以及美國哈珀科林斯出版社（HarperCollins）的出版團隊喬納森・伯恩翰（Jonathan Burnham）與荷里斯・漢鮑屈（Hollis Heimbouch），提供了無價的指引。我感謝每一個人在過去的十八個月內提供的評語、建議與智慧。

我很幸運擁有一群朋友與同事，他們慷慨地用他們的時間仔細地審閱本書的初稿。我至為感謝名作家暨犯罪推理作家協會金匕首獎（Gold Dagger）得主布萊恩・馬斯特（Brian Masters）；小說家暨克里斯多福・伊舍伍德（Christopher Isherwood）日記的編輯凱特・波克尼（Kate Bucknell）；當我進行針對高等教育的回顧研究，以及後來當我擔任英國政府獨立主任時，對我照顧有加的前英國文職部門主任、小說家，現任「社會市場基金會」（Social Market Foundation）會長的艾姆蘭・米安（Emran Mian）；我過去的英國石油同事、現於瑞通集團的同事班・莫斯漢（Ben Moxham）；我的好友兼重要顧問大衛・葉蘭德（David Yelland）；我在英國的宣傳員馬克・哈欽森（Mark Hutchinson）；渣打銀行執行長彼得・桑茲；英國石油資深執行主任戴夫・桑耶爾（Dev Sanyal）；晚了四十年介紹我認識阮・伯恩與《午餐》雜誌的好友吉妮・薩瓦吉；從二〇〇七年初就參與我的故事的優秀律師羅德・克里斯提米勒（Rod Christie-Miller）；以及非常仔細、專注審閱本書引用的計量研究，前途一片光明的年輕社會主義者班・理查茲（Ben Richards）。

我的幕僚長馬修・鮑威爾（Matthew Powell），在他可觀的工作量之上，又做了各式各樣的編輯工作。我的計畫主任湯米・史達倫（Tommy Stadlen）也提供了自己的專長，把艱難的字句改寫得易懂好讀。與我工作多年的執行助理莎拉・派恩特（Sarah Paynter），提供了我在英國石油最後幾天的記憶，幫助我回憶在二〇〇七年收到的一波波令人鼓舞的支持郵件——她保留了每一封信。他們每個人所做的事情都遠遠超過我的請求，我對此深深感謝。

威廉・亞當斯（William Lee Adams）花了超過一年的時間幫助我完成這本書。他是一位優秀的專業記者、研究者與作家，對LGBT議題有充分的了解。他的文筆十分優雅且幽默，我感謝他所做的一切。沒有他，《玻璃衣櫃》就不可能成形。

我也要感謝我的伴侶阮儀（Nghi Nguyen，音譯），感謝他不只在各方面支持我，特別感謝他在我們到烏拉圭和智利旅行時幫忙最終的修訂。因為有他，這趟完稿之旅非常值得。

最後我要感謝所有塑造我人生的人，無論是好是壞，特別是我的同志朋友們。

他們是這本書的基礎。

約翰・布朗

寫於倫敦與巴塔哥尼亞

二〇一四年一月

BIOGRAPHY

人物簡介

查爾斯．艾倫（Charles Allen）是全球無線電集團（Global Radio Group）和兩姊妹食品集團（2 Sisters Food Group）董事長，曾任獨立電視台（ITV）、格拉納達集團（Granada Group）與金巴斯集團（Compass Group plc）執行長。他是英國上議院的終身貴族，並擔任倫敦奧運與殘障奧運籌辦委員會委員。

李．芭吉特（M. V. Lee Badgett）是麻州大學阿默斯特分校（University of Massachusetts Amherst）公共政策與行政中心主任，也是加州大學洛杉磯分校威廉斯學院（Williams Institute）的資深學者。著有《當同志結婚：當社會讓同性婚姻合法化會發生什麼事》（*When Gay People Get Married: What Happens When Societies Legalize Sam-Sex Marriage*）。

泰迪．巴珊威—瑟林頓（Teddy Basham-Witherington）是「職場出櫃平等倡議者」（Out & Equal Workplace Advocates）行銷長，曾任國際同志組織 InterPride 聯合總裁。

- 安東妮亞·貝爾屈（Antonia Belcher）是倫敦一所獨立建築顧問公司ＭＨＢＣ的創辦合夥人。她也擔任特許測量員訓練基金（Chartered Surveyors Training Trust）的董事，這所基金提供無論何種學歷、社會或經濟背景的年輕人，擔任實習測量員的機會。

- 派蒂·貝林傑（Patti Bellinger）是哈佛大學甘迺迪學院公眾領袖中心的執行主任與兼任講師，曾任哈佛商學院高層管理教育執行主任、英國石油倫敦辦公室的全球多元性與包容性集團副總裁。

- 莎莉絲·貝禮（Selisse Berry）是「職場出櫃平等倡議者」的創辦執行長，這個組織在為男女同志、雙性戀與跨性別者創造安全平等職場此方面，是世界最大的非營利組織。她是《職場出櫃平等》（*Out & Equal at Work*）的編輯，並分別自德州大學以及舊金山神學院獲得教育碩士以及神學碩士。

- 麥可·畢舍普（Michael Bishop）曾是英倫航空（ＢＭＩ）主要股東以及第四頻道（Channel 4）董事長。他是英國上議院終身貴族，也是第一個公開出櫃的英國企業家。

- 蓋爾·布萊克（Guy Black）是電訊媒體集團的執行總監。電訊媒體集團的新聞出版品包括《每日電訊報》（*Daily Telegraph*）與《週日電訊報》（*Sunday Telegraph*）。他也是英國上議院終身貴族。

約翰・博斯科（John Bosco）在南安普敦擔任心理健康支持工作者與簿記員。在二〇〇一年警察對同志社群的一場鎮壓後，他逃離自己的原生國家烏干達來到英國。

克勞蒂亞・布蘭伍蒂（Claudia Brind-Woody）是ＩＢＭ智慧財產授權部門副總裁兼總經理，她也是ＩＢＭ執行高層ＬＧＢＴ多元性小組共同組長。她同時也是浪達法律基金會（Lambda Legal）與約翰・斯特尼斯政府學院（John C. Stennis Institute of Government）董事會成員。

貝詩・布魯克（Beth Brooke）是安永會計師事務所全球公共政策副總裁，同時也是該公司全球執行委員會成員。《富比世》連續六次將她列為全世界最有影響力的一百位女性之一。

瑞娜・布朗（Renee Brown）是位於北卡羅萊納州夏洛特市（Charlotte）富國銀行集團的資深副總裁兼社群媒體經理。她是位公開身分的同志媽媽，同時擔任「職場出櫃平等倡議者」董事會成員。

凱若・喀麥隆（Carole Cameron）是洛克希德馬丁的機械工程高級經理，負責設計各種太空航具與火箭組件。她擔任員工團體「ＬＧＢＴ驕傲」（LGBT Pride）理事會成員，並曾在多個全國多元性會議中，代表洛克希德馬丁發表演說。

- 麥可・凱許曼（Michael Cashman）在歐洲議會擔任英國西米德蘭茲郡（West Midlands）的工黨代表，並曾在一九九八到二〇一二年間擔任工黨全國執行委員會委員。他是著名的演員與歌手，最廣為人知的演出也許是他在BBC肥皂劇《東區人》中飾演柯林・羅素（Colin Russell）一角。

- 賈斯汀・薛奈特（Justin Chenette）是美國最年輕的公開身分同志議員，他在二十一歲時獲選為緬因州議會議員。擔任青年核心小組的副主席，也是民選青年官員網絡（Young Elected Officials Network）州主席，以及薩科灣公眾參與中心（Saco Bay Center for Civic Engagement）創辦人兼主任。

- 達倫・庫柏（Darren Cooper）是專精LGBT議題首屈一指之顧問公司「走出當下」（Out Now）的資深顧問。他為柏林旅遊（visitBerlin）、勞埃德銀行集團（Lloyds Banking Group）、巴克萊信用卡（Barclaycard）等重要組織，推動開創性的多元性計畫、研究與針對LGBT族群的宣傳計劃。

- 喬納森・庫柏（Jonathan Cooper）是位於倫敦的人權組織人權尊嚴基金會（Human Dignity Trust）執行長，這個組織致力於全世界同性戀除罪化。他是英國執業出庭律師，合作對象包括英國外交及聯邦事務部、司法部、內政部與檢控署署長。

■ 克里斯・克里斯波（Chris Crespo）是安永會計師事務所的美洲包容性卓越中心主任，也是該公司LGBTA認同團體「超越」（Beyond）的共同創辦人。她領導安永會計師事務所在美國與加拿大的包容性與變通性計畫，特別專攻專業網絡與LGBTA包容性策略。

■ 米蘭達・柯蒂斯（Miranda Curtis）是水石公司（Waterstones）董事長，以及瑪莎百貨（Marks & Spencer）與自由全球公司（Liberty Global Inc.）的非執行董事。在自由全球公司服務的二十年期間，她曾經商議並管理歐洲與亞太地區（特別是日本）之間的合資公司。

■ 黛博拉・戴吉特（Deborah Dagit）在二十二年內，曾擔任三家財星兩百大企業的多元文化長。目前她是一間多元性與包容性顧問公司 debdagitdiversity.com 的總裁。她向來支持LGBT，並且有明顯殘疾，經常受邀講述自己獨特的人生與專業旅程。

■ 傑夫・戴維斯（Jeff Davis）是巴克萊銀行倫敦分公司董事總經理兼資本市場全球主席。他也擔任道瓊公司（Dow Jones & Company）營運執行長與分公司總裁，也是CBS市場情報公司（CBS MarketWatch, Inc.）執行副總裁。

■ 拉爾夫・查伯特（Ralph de Chabert）是位於肯塔基州路易維爾市的百富門公司的多元

文化長。他曾領導麥克森（McKesson Corporation）的多元性與包容性計畫，並曾擔任西夫韋（Safeway）的多元文化長。

- 瑪麗亞・德拉歐（Maria De La O）是舊金山地區記者，報導LGBT與其他議題超過二十年。她最近擔任《華盛頓郵報》的「她們人民」（She the People）部落格專欄作家，並正在製作一部關於約旦河西岸婦女籌組樂團的紀錄片。
- 丹尼斯・狄森（Denis Dison）是位於華盛頓特區的男女同志勝利基金會與學院（Gay & Lesbian Victory Fund and Institute）計畫部資深副總裁。他管理的團隊負責為公開身分的LGBT公眾領袖提供訓練課程與執行高層發展計畫。
- 賈斯汀・唐納修（Justin Donahue）是甲骨文（Oracle）矽谷辦公室的企業軟體安裝主要顧問。他曾完成洛克希德馬丁的領導發展課程，並曾擔任洛克希德馬丁太空系統公司（Space System Company）同志驕傲遊行組織的會長。
- 傑克・德瑞斯確（Jack Drescher）是紐約私人執業的精神科醫師與心理分析師。曾任精神病學研究促進小組（Group for the Advancement of Psychiatry）會長、美國精神科醫師協會特聘研究員，以及美國精神科醫師學會GLB議題委員會會長。

- 陶德・艾凡斯（Todd Evans）是瑞文戴爾媒體公司（Rivendell Media）的總裁兼執行長，這家LGBT媒體公司代表了絕大多數美國與加拿大全國廣告媒體中發行的LGBT廣告。陶德也是LGBT專業媒體人的產業新聞《記者證Q》（*Press Pass Q*）的發行人。
- 克里斯・法莫（Chris Farmer）是貝恩策略顧問公司（Bain & Company）公共關係主任，以及該公司同志團體BGLAD成員。他曾是牛津辯論社（Oxford Union）社長。
- 蓋瑞・費爾泰格（Gary Feiertag）是英國石油策略績效經理，也是特許會計師。他曾是英國石油的英國LGBT員工網絡會長，現在仍是LGBT職場平等的推動者。
- 麥可・費德曼（Mike Feldman）是全錄集團大型企業營運部總裁，並擔任「職場出櫃平等倡議者」理事會成員。在加入全錄前，他在惠普工作了二十四年。
- 弗朗索瓦・富依拉特（Francois Feuillat）是跨國律師事務所文森艾爾斯（Vinson & Elkins）倫敦辦公室的合夥人。他是複雜跨國併購案的專家，他提供顧問服務的能源併購案總值超過一千億美元。
- 蒂娜・費達（Deena Fidas）是位於華盛頓特區的人權運動基金會（Human Rights

Campaign）職場平等計畫主任。她曾為美國公民自由聯盟（American Civil Liberties Union）與希拉蕊・柯林頓（Hilary Clinton）總統競選團隊進行募款活動。

- 傑夫・法蘭克（Jeff Frank）是倫敦大學皇家霍洛威與貝德福德新學院（Royal Holloway and Bedford New College）經濟學教授，他是經濟學系的創始系主任。曾在哈佛大學與加州大學柏克萊分校教授金融。

- 艾德里安・富福德（Adrian Fulford）是英格蘭和威爾斯上訴法院法官。他是海牙國際刑事法院（International Criminal Court）最早宣誓就職的十八位法官之一，從二〇〇三年到二〇一二年在國際刑事法院服務。

- 湯馬斯・簡斯莫（Thomas Gensemer）是全球公共關係公司博雅（Burson-Marsteller）的美國策略長。他曾是藍州數據（Blue State Digital）的經理合夥人兼執行長。

- 艾登・吉力根（Aidan Denis Gilligan）是跨國顧問公司「科學溝通—把科學變好懂」（Sci-Com – Making Sense of Science）的創辦人兼執行長，這家公司專精於為政府與非政府團體進行複雜的科學溝通。他曾擔任歐洲學院（College of Europe）與歐盟執行委員會的多項資深公關職位，並擔任歐洲科學會（Euroscience）理事會一員。

■ 艾倫・吉爾莫（Allan Gilmour）曾任福特汽車副總裁以及韋恩州立大學（Wayne State University）校長。他擔任多家企業的董事，包括陶氏化學（Dow Chemical）、保德信金融集團以及惠而浦（Whirlpool）。

■ 凡迪・格林（Vandy Beth Glenn）是喬治亞州第開特縣（Decatur）的自由作家兼編輯。她是重要的民權訴訟案「格林訴布朗畢」（Glenn v. Brumby）的原告。

■ 史蒂芬・戈爾登（Stephen Golden）是高盛集團亞太地區全球領導與多元性主管。他和他的民事伴侶李察住在香港。

■ 安娜・葛羅茲卡（Anna Grodzka）是波蘭第一位公開身分的跨性別國會議員，她也是國會女性小組的活躍成員。她也擔任艾爾瑪出版社（Alma Press）總裁，也是波蘭國軍的學員上士。

■ 卡比爾・古普塔（Kapil Gupta）是位於倫敦的人權尊嚴基金會（Human Dignity Trust）研究者。他獲得歐盟獎學金（Erasmus Mundus）的資助，完成人權實務碩士學位，並擁有印度博帕爾市（Bhopal）國家法律學院大學（National Law Institute University）學士學位。

■ 希里・哈里森（Siri Harrison）是國際知名的臨床心理師，專長為LGBT社群提供支持性心理治療。她目前在倫敦城中區執業，並經常投書媒體，教育大眾了解LGBT健康相關議題。

■ 艾波・霍金斯（April Hawkins）是職場出櫃平等倡議者的公關經理。她擁有台拉維夫大學的中東研究碩士學位，目前擔任北加州全國男女同志記者協會理事會成員。她曾與位於以色列台拉維夫的聯合國難民署共事。

■ 克茲・赫德布蘭（Caz Hildebrand）是位於倫敦的設計工作室「赫爾設計」（Here Design）創辦合夥人，這間工作室的客戶包括泰晤士與赫德森出版公司（Thames & Hudson），以及維多利亞和阿爾伯特博物館（Victoria and Albert Museum）。她也是圖片食譜《麵條幾何》（*The Geometry of Pasta*）的作者。

■ 湯瑪士・希策斯佩格（Thomas Hitzlsperger）是退休足球員，曾在歐洲最頂級的足球俱樂部踢球，包括阿士東維拉足球會（Aston Villa）、西漢姆與司圖加特（West Ham and Stuttgart）、德國國家代表隊。二〇一四年一月，他成為英格蘭足球超級聯賽（Premier League）首位出櫃的球員。

■ 茱莉亞・哈格特（Julia Hogget）是美國銀行美林證券董事總經理，她負責取得短期固定收益、擔保債券、金融機構現金流融資，以及歐洲、中東與非洲（EMEA）地區綠色債券資本市場。她也是該企業的LGBT EMEA團體共同主席。多年來致力於推廣金融服務業多元性與包容性政策。

■ 傑夫・賀蘭德（Jeff Holland）是避險基金「獅門資本管理」（Liongate Capital Management）的創辦人，該公司管理資產達七十億美元，並提供諮詢服務。《機構投資者》（*Institutional Investor*）稱他為「避險基金的明日之星」，《金融新聞》（*Financial News*）將他列為避險基金「四十歲以下的四十個名人」（40 Under 40）之一。

■ 伊恩・詹森（Ian Johnson）是LGBT顧問公司「走出當下」執行長。媒體曾描述他為「全球LGBT思潮領導者」，曾為政府機構、非政府組織與許多世界知名企業提供諮詢，指引客戶如何了解並滿足LGBT族群的需求。

■ 湯姆・詹森（Tom Johnson）是位於加州奧克蘭市的高樂氏公司企業財務主任兼財務總監。他是該公司LGBT員工資源團體「高樂氏驕傲」（Clorox Pride）創始成員，也是職場出櫃平等倡議者理事會主席。

■ 畢納・坎多拉（Binna Kandola）是倫敦企業心理顧問公司波恩坎多拉（Pearn Kandola）的資深合夥人與共同創辦人。他是《差異的價值：消除組織中的偏見》（*The Value of*

Difference: Eliminating Bias in Organizations）等多本著作的作者。

■ 艾瑞卡．卡普（Erika Karp）是顧問公司「基石資產管理」的創辦人兼執行長，這間公司用永續金融與經濟的原則，促進全球資本的流動。她曾是瑞銀投資銀行（UBS Investment Bank）的全球研究部門主任，也是永續會計準則委員會（Sustainability Accounting Standards Board）的創始理事成員。

■ 比莉．金恩（Billie Jean King）曾是世界排名第一網球選手，共贏得三十九個大滿貫單打、雙打與混雙獎項。她因為倡議女權與LGBT社群，獲得二〇〇九年總統自由獎章。

■ 達米安．李森（Damian Leeson）是特易購（Tesco）公共政策主任。曾任FTI顧問公司公共政策董事經理，以及英國保誠保險（Prudential PLC）集團公共關係主任。

■ 安娜．曼恩（Anna Mann）是頂尖跨國執行高層搜尋與董事會顧問公司MWM的共同創始人。她曾為許多世界一流企業擔任董事會表現、能力與繼任的專業顧問。

■ 伊凡．馬索（Ivan Massow）是位實業家，也是倫敦當代藝術學院的前主席。一九九〇年，他成立了英國第一家針對同志客戶的金融顧問公司，他的許多客戶因為性傾向而面對高額房貸與保險金問題。

- 布萊恩・麥克諾特（Brian McNaught）從一九七四年起從事男女同志、雙性戀、跨性別議題的教育工作，十分受歡迎，他曾向全球企業領導者演說相關的職場議題。《紐約時報》稱他為「同志多元性訓練課程教父」。他著有六本書，並擔任七部教育DVD的主角。
- 威廉・莫藍（William J. Moran, Jr.）是位於華盛頓特區的美林證券資深副總裁。他也領導美林證券的全國LGBT金融服務團隊，並擔任該公司多元性與包容性委員會一員，也擔任許多LGBT非營利組織的理事。
- 彼得・莫瑞（Peter Murray）是位於倫敦的公共事務專業人士。他在設計師、策畫師、工程師、顧問組成的獨立公司奧雅納（Arup）擔任政府事務部門主任。
- 瑪蒂娜・納芙拉蒂洛娃（Martina Navratilova）曾是世界排名第一網球選手，共贏得五十九次大滿貫單打、雙打、混雙獎項。她目前擔任非營利組織「運動員聯盟」（Athlete Ally）顧問委員會一員，致力於消除體育界的恐同與恐跨性別心理。
- 鮑伯・佩吉（Bob Page）是替代公司（Replacements Ltd.）的創始人與執行長，替代公司是世界最大的新舊瓷器、水晶、銀器與收藏品零售商。他是全國知名的LGBT平權鬥士，他與二十五年的伴侶戴爾・費德瑞森（Dale Frederiksen）住在北卡羅萊納，育有二子，萊恩與歐文。

- 崔佛・菲利浦（Trevor Phillips）是位於倫敦的「國家平權標準」（National Equality Standard）指導委員會副主席，同時也擔任位於紐約的「人才創新中心」（Center for Talent Innovation）主任。曾任英國「平等暨人權委員會」（Equality and Human Rights Commission）主席，並著有《帝國疾風號：多種族英國無可抗拒的興起》（*Windrush: The Irresistible Rise of Multi-Racial Britain*）。

- 馬汀・帕波威爾（Martin Popplewell）是位於倫敦的媒體顧問公司「椰子通訊」（Coconut Communications）負責人。曾是BBC受訓研究生，後來成為BBC新聞頻道與天空新聞（Sky News）播報員。

- 蘭斯・布萊斯（Lance Price）是位於倫敦的慈善團體「萬花筒基金會」（Kaleidoscope Trust）創辦人兼執行董事，萬花筒基金會舉辦活動擁護全世界LGBT族群的人權。曾任東尼・布萊爾（Tony Blair）首相的特別顧問，並曾經是工黨公關主任。

- 保羅・利德（Paul Reed）是英國石油的「整合供應與交易公司」（Integrated Supply and

Trading）執行長，負責石油與天然氣生產銷售、原物料精煉、燃料供應行銷，以及英國石油集團所有的交易活動。他擔任英國石油LGBT團體的執行贊助者。

■

瑪格麗特・瑞根（Margaret Regan）是全球顧問公司「未來工作學院」（Future Work Institute）的總裁兼執行長，致力於處理多元性與包容性等職場議題。曾為許多大型全球企業擔任顧問，研究並處理北美、歐洲、拉丁美洲、亞洲與非洲的各種議題。

■

瑞秋・利斯堪（Rachel Riskind）是吉爾福德學院（Guildford College）的心理學助理教授。研究主題包括性傾向、生育健康與偏見。她蒐集並分析內隱聯想測驗（implicit association test, IAT）資料，有多年經驗。

■

伊凡・史卡法洛特（Ivan Scalfarotto）是義大利國會議員，也是民主黨前副主席。二〇一〇年他創立了非營利組織「園地——自由與平等」（Parks – Liberi e Uguali），致力於幫助義大利企業實施LGBT員工機會平等政策。

■

陶德・希爾氏（Todd Sears）是策略顧問公司「完結領導」（Coda Leadership）創辦人兼所有人，致力於幫助企業多元性與包容性活動與企業宗旨保持一致。他也是「出櫃領導者」（Out Leadership）的創辦人，負責舉辦針對紐約、倫敦、香港金融服務界的「站出華爾街」（Out on the Street）領導高峰會。

- 大衛・薛利（David Shelley）是位於倫敦的利特爾與布朗出版集團出版者。他合作編輯出版的作者包括米奇・艾爾邦（Mitch Albom）、馬克・比林漢（Mark Billingham）、J. K. 羅琳、薇兒・麥克德米（Val McDermid）。
- 安東尼奧・西摩斯（Antonio Simoes）是英國滙豐銀行總裁，曾是麥肯錫顧問公司（McKinsey & Co.）合夥人以及高盛集團助理分析師。二〇〇九年世界經濟論壇（World Economic Forum）任命他為青年全球領袖，二〇一三年出櫃商界領袖（OUTstanding in Business）排行榜中高居第一位。
- 克里斯・史密斯（Chris Smith）是英國環境署（Environment Agency）署長，也是英國上議院終身貴族。在一九八四年，他成為英國第一個公開同志身分的國會議員，並曾擔任文化、媒體與體育國務卿。
- 柯克・史奈德（Kirk Snyder）是南加州大學馬歇爾商學院（Marshall School of Business）助理教授。他是商界多元性議題與包容性領導方面公認的專家。著有《同志商數》（*The G Quotient*）與《通往成功的粉紫之路》（*Lavender Road to Success*）等書。
- 馬汀・索洛（Martin Sorrel）從一九八六年起擔任跨國廣告公關公司WPP集團執行長。他也擔任一級方程式（Formula One）與美國鋁業公司（Alcoa Inc.）的非執行主任。

■ 瑪格麗特・史東普（Margaret S. Stumpp）是量化管理諮詢公司（Quantitative Management Associates）的資深顧問。在此之前她在該公司擔任投資長超過二十年。她參與資產分配、有價證券選擇、建立投資組合的量化研究，擁有布朗大學（Brown University）經濟學博士學位。

■ 凱倫・桑博格（Karen Sumberg）目前在Google多元性部門服務。她曾在「人才創新中心」服務八年，領導「出櫃的力量」（The Power of Out）與「出櫃的力量 2.0」（The Power of Out 2.0）等研究計畫。

■ 班・桑默史基（Ben Summerskill）是位於倫敦的男女同志與雙性戀平權組織「石牆」（Stonewall）執行長。曾任英國「平等暨人權委員會」委員。

■ 莎莉・薩斯曼（Sally Susman）是輝瑞藥廠企業事務執行副總裁，輝瑞藥廠是世界頂尖的生物醫藥公司之一。她也擔任國會圖書館信託基金（Library of Congress Trust Fund）、WPP、國際救援委員會（International Rescue Committee）與美國印度商業委員會（US India Business Council）董事會委員。

■ 麥可・塞爾斯（Mike Syers）是安永會計師事務所合夥人，負責房地產與旅館方面的紐約事務顧問服務。他是安永會計師事務所LGBTA員工團體的創始成員，也是該公司包容性合夥人諮詢委員會的成員之一。

- 蘿莎琳・歐尼爾（Rosalyn Taylor O'Neale）是多元性顧問公司庫克羅斯（Cook Ross）的首席顧問，並著有《成功的七個關鍵：解放多元性的熱情》（*Seven Keys to Success: Unlocking the Passion for Diversity*）。二〇〇八年到二〇一二年間，擔任康寶湯公司的副總裁與首席多元性與包容性主任。
- 布魯克・華德（Brook Ward）是英國石油位於休士頓的北美天然氣與能源事業小組的天然氣結算經理。從英國石油企業資源團體「英國石油驕傲」（BP Pride）發想起，他就是該團體的活躍成員，目前是該團體美國區的全國領導之一。
- 史蒂夫・華德洛（Steve Wardlaw）是跨國律師事務所貝克波茲（Baker Botts）倫敦辦公室的經理合夥人。曾任莫斯科辦公室的經理合夥人，有豐富經驗為能源公司、主管機關與政府機構在亞洲、歐洲與中東地區的能源領域計畫提供諮詢。
- 瑞克・威爾茲（Rick Welts）是金州勇士隊的總裁兼營運總監。同時也擔任鳳凰城太陽隊執行長，以及美國國家籃球協會產權公司（NBA Properties）執行副總裁、行銷長與總裁。

■ 鮑比・威爾欽森（Bobby Wilkinson）是位於德州聖安東尼奧（San Antonio）的美國汽車協會保險與金融服務（USAA Insurance and Financial Services）會員體驗小組副總裁。擔任職場出櫃平等倡議者與聖安東尼奧驕傲遊行中心（San Antonio Pride Center）理事會成員。

■ 蓋文・威爾斯（Gavin Wills）是高盛集團歐洲、中東與非洲企業服務與房地產業務主任。他的辦公室位於倫敦，也擔任高盛集團在該地區的LGBT團體主管。

■ 丹尼爾・溫德費特（Daniel Winterfeldt）是卡麥隆麥金納律師事務所（CMS Cameron McKenna）倫敦辦公室的跨國資本市場主任、多元性與包容性合夥人。同時也是LGBT網絡互聯法律多元論壇（InterLaw Diversity Forum for LGBT Networks）的創辦人兼共同會長，二〇一二年《金融時報》稱他為「年度法律創新者」。

■ 鮑伯・衛特（Bob Witeck）是位於美國的衛特通信公司（Witeck Communications）總裁，並著有《商業從內而外》（*Business Inside Out*）。他是通訊策略專家、實業家，也是LGBT人口學、市場研究和媒體關係的先驅者。

■ 查克・沃爾夫（Chuck Wolfe）是男女同志勝利基金會與學院總裁兼執行長。他也擔任母校史丹森大學（Stetson University）董事會成員。

■ 克勞斯・沃維萊特（Klaus Wowereit）是現任柏林市長。也曾擔任德國聯邦議會會長，以及社會民主黨副主席。

■ 路易斯・楊恩（Louise Young）的職業生涯，大部分是擔任德州儀器公司與雷神達拉斯辦公室的軟體工程師。她較為人知的事蹟是作為女同志活躍份子先鋒，特別是在職場平等議題上。

ENDNOTES

註釋

統計數據說明

本書引用的統計數據，來自各式各樣的研究。我們小心地檢視每一個統計數據的來源，包括每一項研究的方法，也檢視它們是否適合用來支持本書的各種論點。我們用批判性的角度檢視每一個來源及其方法。然而，對於這些統計數據的可靠性，我們也必須提供整體性的評論與修正。每一項引用的研究，都可能有兩種誤差來源：一種與採樣方式有關；另一種則與未抽樣反應誤差有關，特別是因為人們認為，性傾向與性別認同是敏感性問題。

關於抽樣方式可能產生的誤差，一般來說，本書引用的研究分為三類。第一類使用基於概率抽樣的全國性調查數據，這是最可靠的研究類型，可針對某個特定的族群（通常是全國性族群）產出相當可靠的統計數據。第二類使用的數據，來自未使用概率抽樣的調查；也就是說，某些族群受訪的機率可能會比其他族群高。相反地，這些研究以加權的方式，試圖使數據在某種程度上能代表一般大眾。這種抽樣方式的可靠性不如第一類，所以這類研究的數據必須更小心解讀。然而，為了取得像LGBT這類少數族群的資料，有時這些研究方式是必要的，因為完全使用概率抽樣的調查往往沒有相關的問題，也因為第二類調查更容易也更便宜。第三類研究採用更深入的面談，但並沒有任何讓數據能代表一般大眾的企圖。使用這種方式的調查可以產生有趣的觀點，幫助我們了解受訪者描述的經驗，但透過這種方式產生的數據只能用來代表受訪者，不能衍伸到任何其他族群。

在引用數據比較一般大眾（通常是全國大眾，例如美國或英國）中不同族群的差異時，本書盡可能使用第一類研究。然而，關於性別認同、性傾向、以及LGBT族群在職場上的經驗等問題，往往不包含在大規模概率抽樣全國調查中。在這種情形下，我們引用第二類研究的統計數據，不過對待這類研究結果的態度應該更小心。本書使用第三類研究來說明特定人士的生命故事、經驗與動機。關於跨性別者的數據有時非常難蒐集，所以要了解某些族群的經驗，第三類研究特別重要。然而，當我們引用這些研究時，必須注意它們的結果不能代表其他人，例如全美國所有的跨性別者。當引用第三類研究時，讀者應該注意，這些研究也許不能代表全體。

不過，調查數據誤差也可能源自未抽樣反應誤差。如果問題特別敏感，例如關於性別認同與性傾向，以及受訪者對工作場合偏見與歧視的互動經驗，這種誤差特別可能發生問題。如果調查問題讓人感到敏感，可能有三種原因。第一，受訪者可能感到問題本身太過冒犯隱私；第二，誠實回答問題可能會帶來風險；第三，受訪者的答案可能會受到「社會期許偏誤」（social desirability bias）的影響。冒犯隱私的意思是，在進行調查的特定文化中，如果受訪者認為某個問題特別隱私或禁忌，受訪者可能會拒答。如果回答問題的族群和拒答的族群之間，存在整體性的差異，拒絕回應的情形可能會讓研究結果特別難以解讀。如果誠實回答問題會帶來風險，受訪者可能會傾向不透露這類危險資訊，因此造成偏差。舉例來說，如果發問者請受訪者回答使用毒品等非法行為。相反地，「社會期許偏誤」的意思是，受訪者傾向於承認符合社會期望的特質與行為、否認不符合社會期待的特質行為。這種偏誤，代表受訪者較可能報告社會表面上期待的態度與行為，而較不可能報告社會不期待的態度與行為。有些經驗性研究試圖評估這類偏誤的份量，研究者發現，在民調類型的問題中，有相當大比例的受訪者未回報同性性行為與雙性戀或同性戀身分。證據顯示，受訪者也可能未回報恐同態度。研究者可以透過特殊研究設計，例如確保受試者填答時沒有訪談者在場，在某種程度上減少這類偏誤。然而，這類偏誤也許不可能完全消除，因此應小心對待本書引用的統計數據。

欲知進一步資訊，請參考：

- Bryman, A., *Social Research Methods* (Oxford: Oxford University Press, 2012).
- Coffman, K., Coffman, L. and Marzilli Ericson, K., 'The Size of the LGBT Population and the Magnitude of Anti-Gay Sentiment are Substantially Underestimated', National Bureau of Economic Research, NBER Working Paper No. 19508 (2013).
- Krumpal, I., 'Determinants of social desirability bias in sensitive surveys: a literature review', *Quality and Quantity*, 47(4): 2025–2047 (2013).
- Tourangeau, R. and Yan, T., 'Sensitive Questions in Surveys', *Psychological Bulletin*, 133(5): 859–883 (2007).

前言

1 Hewlett, Sylvia Ann; Sears, Todd; Sumberg, Karen; Fargnoli, Christina, 'The Power of Out 2.0: LGBT in the Workplace', Center for Talent Innovation, 2013, p. 1.

2 Ibid., p. 27.

第一章　捉迷藏

1 Cowell, Alan, 'BP Chief Resigns Amid Battle With Tabloid', *The New York Times,* 1 May 2007. Accessed via the *The New York Times* website: http://www.nytimes.com/2007/05/01/business/worldbusiness/01cnd-oil.html?pagewanted=all&_r=0.

2 Smith, David, 'Four decades of glory ruined by a white lie', *Guardian,* 6 May 2007. Accessed via the Guardian website: http://www.theguardian.com/media/2007/may/06/pressandpublishing.oilandpetrol.

3 在二次世界大戰後，義大利企業家恩立可・馬太（Enrico Mattei）發明了「七姊妹」一詞來描述掌控全球石油業的盎格魯薩克遜企業。這些企業包括盎格魯—波斯石油公司（Anglo-Persian Oil Company，英國石油的前身）、海灣石油（Gulf Oil，現為雪佛龍集團的一部分）、加州標準石油（現為雪佛龍集團的一部分）、德士古（Texaco，現為雪佛龍集團的一部分）、皇家荷蘭殼牌、紐澤西標準石油，以及紐約標準石油。後兩者最終合併成為艾克森美孚（ExxonMobil）。到了一九六〇年代末，這些企業控制了全世界八五%的石油儲備量。

4 一九八一年六月五日，美國疾病管制局（ＣＤＣ）針對洛杉磯的五位男同志罹患的某種不尋常疾病發布了第一份官方報告。美聯社與《洛杉磯時報》（*Los Angeles Times*）報導了這則新聞，全國醫師開始向美國疾病管制局通報類似案例。到了該年底，醫師一共通報了兩百七十個男同志出現嚴重免疫缺乏的案例。欲知更多關於人類免疫缺乏病毒（ＨＩＶ）／後天免疫缺乏症候群（ＡＩＤＳ）的歷史，請參考 AIDS.gov 網頁「ＡＩＤＳ的時間線」（A Timeline of AIDS）。

5 Levy, Geoffrey, 'Lord Browne: The Sun King who lost his shine', *Daily Mail*, 1 May 2007. Accessed via the *Daily Mail* website: http://www.dailymail.co.uk/news/article-451947/Lord-Browne-The-Sun-King-lost-shine.html.

6 Macalister, Terry, 'A year that went from turbulent to terminal,' *Guardian*, 2 May 2007. Accessed via the *Guardian* website: www.theguardian.com/media/2007/may/02/pressandpublishing.business1.

7 Cavafy, C.P., *Passions and Ancient Days*, translated by Edmund Keeley and George Savidis (New York: The Dial Press, 1971), p. 31.

第二章　美麗與偏執

1 歷史學家與考古學家不確定這個杯子是在哪裡發現的。然而，二十世紀早期的報告顯示，學者發現這個杯子埋於距離耶路撒冷大約六英哩的畢提爾（Bittir）。參考 Williams, Dyfri, *The Warren Cup* (London: The British Museum Press, 2006), pp. 47–8。

2 Morrison, Richard, 'The somnolent jeunes of la belle France', 17 January 2003. Accessed via *The Times* (of London)

website: http://www.thetimes.co.uk/tto/opinion/columnists/richardmorrison/article2045296.ece.

3 Frost, Stuart, 'The Warren Cup: Secret Museums, Sexuality, and Society' in *Gender, Sexuality and Museums: A Routledge Reader*, edited by Amy K. Levin (New York: Routledge, 2010), p. 144.

4 MacGregor, Neil, *A History of the World in 100 Objects*, Episode 36, Warren Cup. Radio transcript accessed via the BBC website: http://www.bbc.co.uk/ahistoryoftheworld/about/transcripts/episode36/.

5 瑪格麗特・尤瑟納爾在一篇介紹希臘詩人康斯坦丁・卡瓦菲詩集的文章中，用這些文字來讚頌他的同性戀傾向。參考 Yourcenar, Marguerite, *Présentation critique de Constantin Cavafy 1863–1933, suivie d'une traduction des Poèmes par Marguerite Yourcenar et Constantin Dimaras* (Paris: Gallimard, 1978), p.41; cited in White, Edmund, *The Burning Library: Writings on Art, Politics and Sexuality, 1969–1993* (London: Picador, 1995), pp. 350–1。

6 Aldrich, Robert, 'Homosexuality in Greece and Rome' in *Gay Life and Culture: A World History*, edited by Robert Aldrich (London: Thames & Hudson, 2006), pp. 29–30.

7 Ibid., p. 30.

8 參考 Plutarch's *Erotikos* (761d)；以及 Dowden, Ken, *The Uses of Greek Mythology* (New York: Routledge, 1992), p. 82。

9 Neill, James, *The Origins and Role of Same-sex Relations in Human Societies* (Jefferson: McFarland & Company, 2009), p. 147.

10 Aldrich, Robert and Wotherspoon, Garry, *Who's Who in Gay and Lesbian History* (London: Routledge, 2001), p. 174.

11 聖經《利未記》有兩段提到同性戀。《利未記》18：22寫道，「男人不可與男人同寢，像與婦女同寢一樣。這是可憎的。」《利未記》20：13則寫道，「男人與男人同寢，像與婦女同寢一樣，兩人都做了可憎的事；總要把他們治死；罪要歸到他們身上。」

12 Ellis, Havelock, *Studies in the Psychology of Sex: Sexual Inversion* (Honolulu: University Press of the Pacifi c, 2001), p. 207.

13 Naphy, William, *Born to Be Gay: A History of Homosexuality* (Stroud: Tempus, 2006), p. 100.
14 同上；亦見 Fone, Byrne, *Homophobia* (New York: Picador USA, 2000), pp. 186–7。
15 Fone, p. 192.
16 Naphy, p 109；亦見 Rocke, Michael J., *Forbidden Friendships: Homosexuality and Male Culture in Renaissance Florence* (New York: Oxford University Press, 1996), pp. 20–1。
17 Fone, p. 193.
18 Parkinson, R. B., *A Little Gay History: Desire and Diversity Across the World* (London: The British Museum Press, 2013), p. 74.
19 Corriveau, Patrice, *Judging Homosexuals: A History of Gay Persecution in Quebec and France* (Vancouver: UBC Press, 2011), p. 165.
20 Frank, David John; Boutcher, Steven A.; and Camp, Bayliss, 'The Reform of Sodomy Laws from a World Society Perspective' in *Queer Mobilizations: LGBT Activists Confront the Law*, edited by Scott Barclay, Mary Bernstein and Anna-Maria Marshall (New York: New York University Press, 2009), p. 136.
21 Sibalis, Michael, 'The Age of Enlightenment and Revolution' in *Gay Life and Culture: A World History*, edited by Robert Aldrich (London: Thames & Hudson, 2006), p. 123.
22 Ibid.
23 引用自 Hyde, H. Montgomery, *The Other Love: An Historical and Contemporary Survey of Homosexuality in Britain* (London: Granada Publishing, 1970), p. 138。
24 Human Rights Watch, 'This Alien Legacy: The Origins of "Sodomy" Laws in British Colonialism', 2008. Accessed via the Human Rights Watch website: http://www.hrw.org/sites/default/fi les/reports/lgbt1208_webwcover.pdf.
25 Kirby, Michael, 'The sodomy offence: England's least lovely criminal law export?' in *Human Rights, Sexual Orientation and Gender Identity in the Commonwealth: Struggles for Decriminalisation and Change*, edited by Corinne Lennox and

Matthew Waites (London: Institute of Commonwealth Studies, 2013), p. 67.

26 根據人權尊嚴基金會的資料顯示，過去大英帝國的殖民地、自治區、保護地或附屬國裡，截至二〇一三年底仍有四十四個將同性戀視為犯罪。另有兩個英國管轄的屬地，也將同性戀視為犯罪：包括與紐西蘭保持自由聯繫關係的自治國庫克群島，以及一九八三年宣布獨立的北賽普勒斯土耳其共和國。

27 從一九九三年四月到二〇一三年八月，超過三千六百人次參觀了美國大屠殺紀念博物館。欲取得更多資訊，請參考 http://www.ushmm.org/。

28 Langer, Emily, 'Rudolf Brazda dies; gay man who survived Nazi concentration camp was 98', *Washington Post*, 7 August 2011. Accessed via the *Washington Post* website: http://www.washingtonpost.com/local/obituaries/rudolf-brazda-dies-gay-man-who-survived-naziconcentration-camp-was-98/2011/08/05/gIQAUlb90I_story.html.

29 Giles, Geoffrey, '"The Most Unkindest Cut of All": Castration, Homosexuality and Nazi Justice', *Journal of Contemporary History*, 27(41), 1992, p. 47.

30 Ibid., p. 46。

31 欲取得更多資訊，請參考美國大屠殺紀念博物館網站的「大屠殺百科全書」，網址為 http://www.ushmm.org/wlc/en/article.php?ModuleId=10005261。

32 Lautmann, Rüdiger, 'The Pink Triangle: The Persecution of Homosexual Males in Concentration Camps in Nazi Germany', *Journal of Homosexuality* (6), 1980-1981, pp. 141–60.

33 Ibid.

34 東德在一九六八年將男性之間的同性性行為除罪化，西德在次年也跟進。Taffet, David, 'Pink triangle: Even after World War II, gay victims of Nazis continued to be persecuted', *Dallas Voice*, 20 January 2011. Accessed via the *Dallas Voice* website: http://www.dallasvoice.com/pink-triangle-wwiigay-victims-nazis-continued-persecuted-1061488.html.

35 Nardi, Peter and Bolton, Ralph, 'Gay-Bashing: Violence and aggression against gay men and lesbians' in *Targets of Violence and Aggression*, edited by Ronald Baenninger (New York: Elsevier, 1991), p. 353.

36 Setterington, Ken, *Branded by the Pink Triangle* (Toronto: Second Story Press, 2013), p. 131.

37 Naphy, p. 251.

38 Phillips, Michael, 'The Lobotomy Files: Forgotten Soldiers', *Wall Street Journal*, 11 December 2013. Accessed via the *Wall Street Journal* website: http://projects.wsj.com/lobotomyfi les/.

39 引用皿 Ordover, Nancy, *American Eugenics: Race, Queer Anatomy, and the Science of Nationalism* (Minneapolis: University of Minnesota Press, 2003), p. 106 。

40 American Psychiatric Association, 'Diagnostic and Statistical Manual Mental Disorders' (Washington DC: American Psychiatric Association Mental Hospital Service, 1952).

41 'Employment of Homosexuals and Other Sex Perverts in Government', Subcommittee on Investigations, Committee on Expenditures in the Executive Departments (1950). Accessed via the PBS website: http://www.pbs.org/wgbh/pages/frontline/shows/assault/context/employment.html.

42 Johnson, David K, *The Lavender Scare* (Chicago: University of Chicago Press, 2004), pp. 123–4.

43 SCOCAL, Vallerga v. Dept. Alcoholic Bev. Control , 53 Cal. 2d 313, 347 P.2d 909, 1 Cal. Rptr. 494. Available at: http://scocal.stanford.edu/opinion/vallerga-v-dept-alcoholic-bev-control-29822.

44 *Time*, 'Essay: The Homosexual in America', 21 January 1966. Accessed via the *Time* website: http://content.time.com/time/magazine/article/0,9171,835069,00.html.

45 Hailsham, V., 'Homosexuality and Society', in *They Stand Apart: A critical survey of the problems of homosexuality*, edited by J. T. Rees and H. V. Usill (London: William Heinemann, 1955), pp. 21–35.

46 BBC News, '1957: Homosexuality "should not be a crime"', 4 September 2005. Accessed via the BBC News website: http://news.bbc.co.uk/onthisday/hi/dates/stories/september/4/newsid_3007000/3007686.stm.

47 Lelyveld, Joseph, 'Forster's Maurice Becomes a Movie', *The New York Times*, 12 November 1986. Accessed via *The New York Times* website: http://www.nytimes.com/1986/11/12/movies/forster-s-mauricebecomes-a-movie.html.

48 個人通信（二〇一三年十一月十二日）。

49 Carter, David, *Stonewall: The Riots that Sparked the Gay Revolution* (New York: St Martin's, 2004), p. 148.

50 Truscott, Lucian, 'Gay Power Comes to Sheridan Square', *Village Voice*, p. 1. Accessed via the website: http://news.google.com/newspapers?id=uuwjAAAAIBAJ&sjid=K4wDAAAAIBAJ&pg=6710,4693&dq=stonewall+inn&hl=en.

51 Di Brienza, Ronnie, 'Stonewall Incident', *East Village Other* 4, No. 32, 9 July 1969, as quoted in Carter, p. 143.

52 Bone, Ruan, 'Julian: A New Series', *Lunch*, September 1972, p. 3.

53 Russell, A. S., 'Spot the Poofter', *Lunch*, September 1972, p. 16.

54 'Profile – David Hockney', *Lunch*, September 1972, p. 5.

55 參考 Kissack, Terence, 'Freaking Fag Revolutionaries: New York's Gay Liberation Front, 1969–1971', *Radical History Review*, Spring 1995 (62), pp. 105–34。欲更深入了解英國早期同志解放運動，參考 Robinson, Lucy, 'Three Revolutionary Years: The Impact of the Counter Culture on the Development of the Gay Liberation Movement in Britain', *Cultural and Social History*, Vol. 3 (4), October 2006, pp. 445–71 (27)。

56 參考 Fejes, Fred and Petrich, Kevin, 'Invisibility, homophobia and heterosexism: Lesbians, Gays and the Media,' *Review and Criticism*, December 1995, p. 402。在一九七〇年代早期，媒體採取「較不譴責的方式」處理同性戀。如費傑斯（Fejes）等作者指出，逐年分析《紐約時報》從一九六九年到一九七五年之間的新聞摘要發現，「絕大多數提到同性戀的文章探討男女同志逐漸擴張的權力，以及社會對他們的接受度漸漸增加。」

57 Rizzo, Domenico, 'Public Spheres and Gay Politics since the Second World War' in *Gay Life and Culture: A World History*, edited by Robert Aldrich (London: Thames & Hudson, 2006), p. 217.

58 同上。另外請參考 Lewis, Gregory B., 'Lifting the Ban on Gays in the Civil Service: Federal Policy Toward Gay and Lesbian Employees since the Cold War', *Public Administration Review*, Vol. 57, No. 5 (Sep.–Oct. 1997), pp. 387–95.

59 Rizzo, p. 220.

60 *Eastenders*, BBC, 1987.

61 麥可・凱許曼將這段故事告訴《明星報》（*The Star*）。Cashman, Michael, 'We had death threats and bricks thrown at us, now it's all so different', *The Mirror*, 25 September 2003. Accessed via: http://www.thefreelibrary.com/We+had+death+threats+and+bricks+thrown+at+us..now+it's+all+so...-a0108125395

62 Ibid.

63 Jones, Owen, 'One day "coming out" won't be a thing – and the reaction to Tom Daley's announcement shows we're getting there', *The Independent*, 2 December 2013. Accessed via *The Independent* website: http://www.independent.co.uk/voices/comment/one-daycoming-out-wont-be-a-thing--and-the-reaction-to-tom-daleysannouncement-shows-were-getting-there-8977908.html

64 個人通信（二〇一四年一月十日）。

65 Rose, Lacey, 'The Booming Business of Ellen DeGeneres: From Broke and Banished to Daytime's Top Earner', *The Hollywood Reporter*, 22 August 2012. Accessed via *the Hollywood Reporter* website: http://www.hollywoodreporter.com/news/ellen-degeneres-showoprah-winfrey-jay-leno-364373?page=2.

66 Handy, Bruce, 'Television: He Called Me Ellen Degenerate?', *Time*, 14 April 1997. Accessed via the *Time* website: http://www.time.com/time/subscriber/article/0,33009,986189-2,00.html.

67 'A Queer Question About Gay Culture', *The Economist*, 10 July 1997. Accessed via *The Economist* website: http://www.economist.com/node/370660/print.

68 Prono, Luca, *Encyclopedia of Gay and Lesbian Popular Culture* (Westport: Greenwood Publishing Group, 2008), p. 287.

69 GLAAD, 'Where Are We on TV: 2012–2013 Season', October 2012, p. 3. Available at: http://www.glaad.org/files/whereweareontv12.pdf.

70 美國媒體監督組織ＧＬＡＡＤ原名為「同志反誹謗聯盟」（Gay & Lesbian Alliance Against Defamation），二〇一三年更名為ＧＬＡＡＤ以將雙性戀與跨性別人士納入組織宗旨中。

71 GLAAD, pp. 3-4.

72 Hewlett, Sylvia Ann; Sears, Todd; Sumberg, Karen; Fargnoli, Christina, p. 4. January 2013, based on 2011 data from the Pew Research Center.

73 Marsh, Stefanie, 'Ian McKellen on Tom Daley, *The Hobbit* and Gandalf's sexuality', *The Times* (of London), 7 December 2013. Accessed via *The Times* website: http://www.thetimes.co.uk/tto/arts/film/article3941753.ece.

74 根據人權尊嚴基金會（Human Dignity Trust）的資料，截至二〇一三年底為止，全世界有七十七個國家將同性戀視為犯罪。另外有六個地區亦然：紐西蘭的自由聯繫自治國庫克群島；巴勒斯坦區域；自行宣告獨立的北賽普勒斯；以及印尼的南蘇門答臘與亞齊特區（Aceh）。伊拉克與賴索托的法律狀況不明確，也就是說，同志面對遭起訴的風險。將這些區域算進來的話，八十六個區域將同性戀視為非法。伊朗、沙烏地阿拉伯、蘇丹、葉門、茅利塔尼亞，以及奈及利亞與索馬利亞部分地區仍保有同志死刑。

75 紀錄片《我是同志》（*Call Me Kuchu*）記錄了烏干達同志活躍人士大衛・凱多（David Kato）去世前幾年的故事，他因為同志身分遭人以鐵鍾攻擊致死。參考 Adams, William Lee, 'Out in Africa', *Attitude*, November 2012, p. 142.

76 Ibid.

77 Verkaiklaw, Robert, 'Iran is safe for "discreet" gays, says Jacqui Smith', *The Independent*, 23 June 2008. Accessed via *The Independent* website: http://www.independent.co.uk/news/uk/politics/iran-issafe-for-discreet-gays-says-jacqui-smith-852336.html.

78 個人通信（二〇一三年六月十八日）。

79 'The Global Divide on Homosexuality: Greater Acceptance in More Secular and Affluent Countries', Pew Research Center, Washington, D.C., 4 June 2013, p. 1.

80 'Putin signs "gay propaganda" ban and law criminalizing insult of religious feelings', *Russia Today*, 30 June 2013. Accessed via the *Russia Today* website: http://on.rt.com/yzvrz4.

81 'Vladimir Putin signs anti-gay propaganda bill', AFP, 30 June 2013. Accessed via *The Telegraph* website: http://www.telegraph.co.uk/news/worldnews/europe/russia/10151790/Vladimir-Putin-signsanti-gay-propaganda-bill.html.

82 Fierstein, Harvey, 'Russia's Anti-Gay Crackdown', *The New York Times*, 21 July 2013. Accessed via *The New York Times* website: http://www.nytimes.com/2013/07/22/opinion/russias-anti-gaycrackdown.html.

83 'Mr. Putin's War on Gays', editorial, *The New York Times*, 27 July 2013. Accessed via *The New York Times* website: www.nytimes.com/2013/07/28/opinion/sunday/mr-putins-war-on-gays.html?_r=0.

84 Ibid.

85 Fierstein (2013).

86 Horsey, David, 'Putin's anti-gay laws set the stage for an international battle', *Los Angeles Times*, 15 August 2013. Accessed via the *Los Angeles Times* website: http://articles.latimes.com/2013/aug/15/nation/la-na-tt-putins-antigay-laws-20130814.

87 Idov, Michael, 'Putin's "war on gays" is a desperate search for scapegoats', *New Statesman*, 19 August 2013. Accessed via the *New Statesman* website: http://www.newstatesman.com/2013/08/putinswar-gays-desperate-search-scapegoats.

88 Greenhouse, Emily, 'Homophobia in Russia Finds a New Medium', *New Yorker*, 16 August 2013. Accessed via the *New Yorker* website: http://www.newyorker.com/online/blogs/elements/2013/08/therise-of-homophobic-cyberbullying-in-russia.html.

89 Baker, Peter, 'Obama Names Gay Athletes to U.S. Delegation', *The New York Times*, 17 December 2013. Accessed via *The New York Times* website: http://www.nytimes.com/2013/12/18/sports/olympics/obama-names-gay-athletes-to-delegation.html?_r=0.

90 Secretary-General's video message to the Oslo Conference on Human Rights, Sexual Orientation and Gender Identity, 15 April 2013. Accessed via the UN website: http://www.un.org/sg/statements/?nid=6736

91 個人通信（二〇一三年十二月二日）。

第三章　深深埋藏

1 British Social Attitudes Survey 30. Accessed via the BSA website: http://www.bsa-30.natcen.ac.uk/read-the-report/personalrelationships/homosexuality.aspx.

2 British Social Attitudes Survey, as quoted in Clements, Ben, 'Attitudes Toward Gay Rights', University of Leicester, Institute for Social Change, British Religion in Numbers Website, May 2012. Accessed on 10 December 2013: http://www.brin.ac.uk/figures/attitudes-towards-gay-rights/.

3 最後的票數是三百九十票比一百四十八票，參考 'Gay Marriage bill: Peers back government plans', BBC News, 5 June 2013. Accessed via the BBC News website: www.bbc.co.uk/news/uk-politics-22764954。

4 'Cameron Warns Europe Rebels: I Will Not Budge', Sky News, 22 May 2013. Accessed via the Sky News website: http://news.sky.com/story/1094227/cameron-warns-europe-rebels-i-wont-budge.

5 根據皮尤研究中心（Pew Research Center）的資料，從二〇〇七年到二〇一三年，在英國認為社會應該接納同性戀的比例，從七一％增加到七六％。對同性戀接受度增加的國家還包括義大利（從六五％到七四％）、西班牙（從八二％到八八％）、德國（從八一％到八七%）。參考 'The Global Divide on Homosexuality: Greater Acceptance in More Secular and Affl uent Countries', (Pew Research Center, 2013), p. 2。

6 此處七項民調是在下列日期由下列民調公司進行的：哥倫比亞廣播新聞台（二〇一三年二月八日）、PRRI / Brookings（二〇一三年二月十日）、Quinnipiac（二〇一三年三月一日）、美國廣播新聞台（ABC News）／《華盛頓郵報》（二〇一三年三月九日）、皮尤研究中心（二〇一三年三月十五日）、CNN（二〇一三年三月十六日）、福斯新聞台（Fox News，二〇一三年三月十八日）。福斯新聞台在二〇一三年二月二十六日進行的第八項民調，發現支持與反對同性婚姻的人比例相等。參考 Silver, Nate, 'How Opinion on Same-Sex Marriage is Changing, and What It Means', *The New York Times*, 26 March 2013. Accessed via *The New York Times* website: http://fivethirtyeight.blogs.nytimes.com/2013/03/26/how-opinion-on-same-sexmarriage-is-changing-and-what-it-means/?_r=0。

7 Belkin, Aaron; Ender, Morten; Frank, Nathaniel; Furia, Stacie; Lucas, George R; Packard, Gary Jr.; Schultz, Tammy S.; Samuels, Steven M.; Segal, David R., 'One Year Out: An Assessment of DADT Repeal's Impact on Military Readiness', 20 September 2012, p. 43.

8 Human Rights Campaign, *Corporate Equality Index* 2014.

9 Hewlett, Sylvia Ann; Sears, Todd; Sumberg, Karen; Fargnoli, Christina. 在美國，上述作者與民調社會科學與市場研究公司知識網絡（Knowledge Networks）合作進行研究，知識網絡擁有巨大的網路問卷受試者資料庫。知識網絡也有每一個受試者的人口學與其他資訊。在「出櫃的力量」（The Power of Out）研究中，知識網路可以選擇自我認同為同志的受訪者參與研究。接著他們將資料加權計算，讓資料大致能代表二十一到六十二歲、從事白領工作、擁有大學以上學歷的美國人。加權變因包括：年齡、性別、種族、家中是否有網路、都市狀態（是否居住於城市）、宗教。加權來自於美國全國普查，靠著全國普查，他們能合理估計試圖調查的族群。此處描述的任何比較結果都是有統計意義的。

10 Noble, Barbara Presley, 'At Work; The Unfolding of Gay Culture', *The New York Times*, 27 June 1993. Access via *The New York Times* website: http://www.nytimes.com/1993/06/27/business/at-workthe-unfolding-of-gay-culture.html

11 個人通信（二〇一三年五月二十一日）。

12 個人通信（二〇一三年十月三日）。

13 個人通信（二〇一三年七月十五日）。

14 個人通信（二〇一三年七月十九日）。

15 Guasp, April and Dick, Sam, *Living Together: British attitudes to lesbian, gay and bisexual people* (Stonewall, 2012), p. 3. 在這份報告中，YouGov共調查了超過兩千位受訪者。YouGov在網路上透過各種廣告方式招募受訪者，並未試圖建立具有全國代表性的樣本。在調查完成後，YouGov接著針對每位受訪者進行加權計算，讓他們能大致代表大眾人口，但僅止於年齡、性別、社會階層與閱讀特定報章新聞的習慣。

16 Hewlett, Sylvia Ann; Sears, Todd; Sumberg, Karen; Fargnoli, Christina, p. 25.

17 個人通信（二〇一四年一月五日）。

18 個人通信（二〇一三年六月二十五日）。

19 個人通信（二〇一三年六月十九日）。

20 個人通信（二〇一三年七月二十六日）。

21 個人通信（二〇一三年八月十三日）。

22 Macalister, Terry and Carvel, John, 'Diversity drive at BP targets gay staff', *The Guardian*, 20 June 2002. Accessed via *The Guardian* website: www.theguardian.com/uk/2002/jun/20/johncarvel.terrymacalister.

23 根據員工福利研究中心（Employee Benefit Research Institute）的資料，同居伴侶的福利「是雇主選擇提供給雇員的未婚伴侶的福利，無論是同性或異性」。美國的異性戀伴侶傳統上享有配偶權益，例如提供給雇員丈夫或妻子的醫療保險，然而無法合法結婚的同志伴侶則無法享有這些權益。從一九九〇年代早期，美國上市公司開始提供這類權益。二〇〇五年起，英國的同志伴侶即可進入民事結合，讓他們能享有與配偶相當的法定福利。欲知更多資訊，參考 Solomon, Todd A., *Domestic Partner Benefits: An Employer's Guide* (Washington: Thompson, 2006)。

24 Dougary, Ginny, 'Lord Browne: I'm much happier now than I've ever been', *The Times* (of London), 6 February 2010. Accessed via *The Times* website: www.thetimes.co.uk/tto/business/moversshakers/article1891575.ece. 這篇刊登於《泰晤士報》的文章，也引述了《金融時報》訪談中的一句話，這份訪談原稿已無法從網路上蒐得。

25 Pierce, Andrew, 'Lord Browne made atypical misjudgment', *The Telegraph*, 2 May 2007. Accessed via *the Telegraph* website: http://www.telegraph.co.uk/news/uknews/1550281/Lord-Brownemade-atypical-misjudgment.html.

26 Roberts, Laura, *'Desert Island Discs'* most controversial castaways', *The Telegraph*, 2 March 2011. Accessed via *The Telegraph* website: http://www.telegraph.co.uk/culture/tvandradio/8355867/Desert-Island-Discs-most-controversial-castaways.html.

第四章　幻影與恐懼

1 個人通信（二〇一三年十二月三十日）。

2 截至二〇一三年底為止，眾議院尚未提出任何法案以供表決。

3 本數據來自美國大眾社會調查，能代表全國大眾。參考 Pizer, Jennifer C.; Sears, Brad; Mallory, Christy; and Hunter, Nan D., 'Evidence of Persistent and Pervasive Workplace Discrimination Against LGBT People: The Need for Federal Legislation Prohibiting Discrimination and Providing for Equal Employment Benefi

ts', 45 Loy. L.A.L. Rev. 715 (2012)。Available at: http://digitalcommons.lmu.edu/llr/vol45/iss3/3.

4 Hewlett, Sylvia Ann; Sears, Todd; Sumberg, Karen; Fargnoli, Christina, p. 4, 2013, based on 2011 data from the Pew Research Center.

5 根據董事多元化聯盟（Alliance for Board Diversity）二〇一二年的調查，在財星五百大企業超過五千三百個董事席次裡，白種男性占七三．三%。整體而言，男性占八三．四%，女性僅只占一六．六%。非白種男性與女性的比例只有一三．三%。這些性別與種族數字由董事會成員自行填答。欲知更多資訊，參考 'Missing Pieces: Women and Minorities on Fortune 500 Boards', Alliance for Board Diversity, 15 August 2013. Accessed via the Alliance for Board Diversity website: http://theabd.org/2012_ABD%20Missing_Pieces_Final_8_15_13.pdf

6 二〇一三年九月美國史賓沙董事指數（Spencer Stuart Board Index）調查了標準普爾（S&P）五百大企業董事會中的四百九十三家企業。結果顯示獨立董事的平均年齡從二〇〇三年的六〇．三歲增加到二〇一三年的六二．九歲，在二〇一三年，四四%的董事會平均年齡在六十四歲以上，十年前只有一四%。Accessed via: https://www.spencerstuart.com/~/media/PDF%20Files/Research%20and%20Insight%20PDFs/SSBI-2013_01Nov2013.pdf。

7 個人通信（二〇一三年十一月十九日）。

8 個人通信（二〇一三年十一月十九日）。

9 個人通信（二〇一三年十一月十九日）。

10 克里斯多佛．貝里（Christopher Bailey）在二〇一三年十月被任命為博柏利的執行長。當他在二〇一四年上任時，他不會是富時一百企業裡第一個公開身分的同志執行長。查爾斯．艾倫從一九九六年到二〇〇〇年之間擔任格拉納達集團執行長，從二〇〇四年到二〇〇七年之間擔任獨立電視台執行長。在艾倫在職期間，兩家企業都名列富時一百企業。

11 Banaji, Mahzarin R. and Greenwald, Anthony G., *Blindspot: Hidden Biases of Good People* (Delacorte Press: New York,

2013), p. xii.

12 可上網進行測驗 http://implicit.harvard.edu。

13 Nosek, Brian A. and Riskind, Rachel G., 'Policy implications of implicit social cognition', *Social Issues and Policy Review*, 6, 2012, pp. 112–45.

14 個人通信（二〇一三年九月二十七日）。

15 Tilcsik, A., 'Pride and prejudice: Employment discrimination against openly gay men in the US', *American Journal of Sociology*, 117, 2011: 586–626.

16 因為兩份履歷表都寄給同一位雇主，為避免引起雇主懷疑，必須讓履歷表略有不同。然而，履歷表之間的差異不應影響研究結果，因為提到「同志」與「異性戀」團體的文字是隨機分配至任何一份履歷表的。另外，作者利用回歸模型分析結果以找出兩份履歷表間的系統性偏誤，並且發現沒有偏誤。

17 這個差異在統計上具有意義（$p < .001$），顯示異性戀求職者只要申請不到九個工作就能收到一個正面回應，同志求職者要申請接近十四個徵才廣告才能得到相同的結果。參考 Tilcsik, pp. 605–6。

18 參考 Tilcsik, p. 596。其他國家的研究者發現類似的結果。二〇〇九年希臘的一份研究，研究者將成對的履歷表寄給雅典的一千七百一十四個私部門的徵才廣告。他們沒有明確指出其中一名求職者是同志，但在履歷表個人資訊欄列出他曾經在一個同志團體擔任志工；異性戀求職者則在環保團體擔任志工。履歷顯示兩位求職者都是二十九歲，曾在希臘國軍服役。即使如此，有同志團體志工經驗者，獲得面試的機會比異性戀求職者低了二六・二%。如果審查履歷表的經理是男性，他們獲得面試的機會降低將近三五%。（Drydakis, Nick, 'Sexual Orientation Discrimination in the Labour Market', *Labour Economics*, 2009, 16: 364–72）。其他研究顯示，此種偏見也出現在女同志求職者中（Weichselbaumer, Doris, 'Sexual

Orientation Discrimination in Hiring', *Labour Economics*, 2003. 10:629–42）。

19 Sears, Brad and Mallory, Christy. 'Documented Evidence of Employment Discrimination and its Effects on LGBT People', The Williams Institute, July 2011. Accessed via: http://williamsinstitute.law.ucla.edu/wp-content/uploads/Sears-Mallory-Discrimination-July-20111.pdf.

20 Laurent, Thierry and Mihoubi, Ferhat, 'Sexual orientation and Wage Discrimination in France: The Hidden Side of the Rainbow', *Journal of Labor Research*, 2012, 33:487–527, p. 488.

21 舉例來說，倫敦經濟學家傑夫・法蘭克（Jefferson Frank）發現四十、五十多歲，在英國大學工作的已婚異性戀男性薪資，較同年齡的單身異性戀男性高了一七%，即使在控制經歷與教育等其他變因後結果仍不變。參考 Frank, J. (2006), 'Is the male marriage premium evidence of discrimination against gay men?' in *Sexual Orientation Discrimination: An International Perspective* (Routledge: New York, 2007), pp. 93–104。

22 舉例來說，參考 Ginther, Donna K. and Zavodny, Madeline, 'Is the male marriage premium due to selection? The effect of shotgun weddings on the return to marriage', *Journal of Population Economics*, Springer, 2001, vol. 14(2), pp. 313–28。

23 舉例來說，參考 Korenman, S. and Neumark, D., 'Does marriage really make men more productive?', *Journal of Human Resources*, 1991, 26: 282–307; 'Lundberg, S. and Rose, E., 'The effects of sons and daughters on men's labor supply and wages', *Review of Economics and Statistics*, 2002, 84: 251–68; Akerlof, George A., 'Men without children', *Economic Journal*, 1998, 108: 287–309; Becker, Gary S., 'A theory of the allocation of time', *Economic Journal*, 1965, 75: 493–517。

24 舉例來說，參考 Carpenter, Christopher (2006), 'Do straight men "come out" at work too? The heterosexual male marriage premium and discrimination against gay men' in *Sexual Orientation Discrimination: An International Perspective* (Routledge: New York, 2007), pp. 76–92。

25 加州大學爾灣分校（University of California at Irvine）教授卡本特（Carpenter）寫道，「社會習以為常的婚姻福利，有一部分是獎賞發出異性戀訊息的人。」參考 Carpenter (2006), p. 88。

26 個人通信（二〇一三年六月十一日）。

27 Movement Advancement Project, Human Rights Campaign and Center for American Progress, 'A Broken Bargain: Discrimination, Fewer Benefits and More Taxes for LGBT Workers' (Full Report), May 2013, p. 35.

28 Ibid.

29 Blandford, John, 'The Nexus of Sexual Orientation and Gender in the Determination of Earnings', *Industrial and Labor Relations Review*, Vol. 56 (4), 1 July 2003, p. 640.

30 Movement Advancement Project, p. 35.

31 個人通信（二〇一三年十月十三日）。

32 個人通信（二〇一三年九月二十六日）。

33 個人通信（二〇一三年十月十日）。

34 個人通信（二〇一三年十二月十七日）。

35 個人通信（二〇一三年六月二十六日）。

36 個人通信（二〇一三年七月四日）。

37 Grant, Jaime M.; Mottet, Lisa A.; Tanis, Justin; Harrison, Jack; Herman, Jody L.; and Keisling, M., *Injustice at every Turn* (Washington: National Center for Transgender Equality and National Gay and Lesbian Task Force, 2011), p. 3.

38 個人通信（二〇一三年七月十八日）。

39 Appeals from the US District Court for the Northern District of Georgia, 6 December 2011. Accessed via the US Court of Appeals 11th Circuit website: http://www.ca11.uscourts.gov/opinions/ops/201014833.pdf.

40 個人通信（二〇一三年五月七日）。

41 鮑伯・佩吉（Bob Page）分享替代公司（Replacements Ltd）收到的電郵。

42 參考美國聯邦調查局仇恨犯罪網頁，http://www.fbi.gov/about-us/cjis/ucr/hate-crime/2011/hate-crime。另外參考 Tzatzev, Aleksi, 'There's a Disturbing Trend Involving Anti-Gay Hate Crime in the US', *Business Insider*, 12 December 2012. Accessed via the *Business Insider* website: http://www.businessinsider.com/anti-gay-hate-crime-stats-dont-budge-2012-12。

43 認為社會應該接受同性戀的法國民眾比例，從二〇〇七年的八三%下降到二〇一三年的七七%。所有調查的地區中，包括迦納、捷克共和國、波蘭、約旦、俄羅斯、土耳其、巴勒斯坦地區，法國是下降數字最大的國家。所有這些地區從二〇〇七年到二〇一三年對同性戀的接受度都下降了。參考 'The Global Divide on Homosexuality: Greater Acceptance in More Secular and Affluent Countries' (Pew Research Center, 2013), p. 2。

44 Sethi, Neeruj, 'France Gay Marriage: Hate Crimes Spike After Bill Passes', PolicyMic, 9 May 2013. Accessed via the PolicyMic website: www.policymic.com/articles/40695/france-gay-marriage-hatecrimes-spike-after-bill-passes.

45 Sacks, Jonathan, *The Dignity of Difference: How to Avoid the Clash of Civilizations* (New York: Continuum, 2002), p. 46.

46 '30% increase in anti-Semitic incidents worldwide in 2012', *The Times of Israel*, 7 April 2013. Accessed via *The Times of Israel* website: http://www.timesofi srael.com/report-fi nds-30-increase-in-antisemitic-incidents-worldwide/.

第五章　出櫃是樁好生意

1 Browne, John, 'Three reasons why I'm voting for gay marriage', *Financial Times*, 2 June 2013.

2 個人通信（二〇一三年七月十二日）。

3 舊金山商會、Google、H5、李維斯公司（Levi Strauss & Co.）在二〇〇九年一月十五日共同發布了一份法庭之友意見書。來源：http://www.courts.ca.gov/documents/s1680xx-amcur-

sfchambercommerce.pdf.
4 Eckholm, Erik, 'Corporate Call for Change in Gay Marriage Case', New York Times, 27 February 2013. Accessed via the New York Times website: http://www.nytimes.com/2013/02/28/business/companies-ask-justices-to-overturn-gay-marriage-ban.html?_r=0.
5 Amicus Briefs, 278 Employers and Organizations Representing Employers. Accessed at the website: http://www.glad.org/doma/documents/.
6 Garber, Andrew, 'Starbucks supports gay marriage legislation', Seattle Times, 24 January 2012. Accessed via the Seattle Times website: http://seattletimes.com/html/politicsnorthwest/2017323520_starbucks_supports_gay_marriag.html.
7 See the National Organization for Marriage (21 March 2012), 'The National Organization for Marriage Announces International "Dump Starbucks" Protest Campaign' (Press Release). Accessed via the NOM blog: http://www.nomblog.com/20812/#sthash.10x1eaTr.dpbs; and the Dump Starbucks campaign website: http://www.dumpstarbucks.com/.
8 Gilbert, Kathleen, 'Like traditional marriage? Then dump Starbucks, says National Organization for Marriage', LifeSiteNews.com, 29 March 2012. Accessed via the LifeSiteNews.com website: http://www.lifesitenews.com/news/like-traditional-marriage-then-dump-starbucks-says-national-organization-fo/. Facebook likes were accessed via the Dump Starbucks Facebook page: https://www.facebook.com/dumpstarbucks/posts/636562603037541.
9 Allen, Frederick, 'Howard Schultz to Anti-Gay-Marriage Starbucks Shareholder: "You Can Sell Your Shares"', *Forbes*, 22 March 2013. Accessed via the Forbes website: http://www.forbes.com/sites/frederickallen/2013/03/22/howard-schultz-to-anti-gay-marriagestarbucks-shareholder-you-can-sell-your-shares/.
10 'Goldman Sachs CEO Lloyd Blankfein: Same-sex marriage support 'a business issue', CBS News, 9 March 2013. Accessed via the CBS News website: http://www.cbsnews.com/news/goldman-sachs-ceo-lloyd-blankfein-same-

sex-marriage-supporta-business-issue/.

11 Ibid.

12 Out Now Global LGBT2020 Study (2011), p. 18. 透過個人通信取得（二〇一三年六月五日）。

13 個人通信（二〇一三年六月十三日）。

14 Human Rights Campaign (2014). *Corporate Equality Index*, p. 6.

15 Ibid.

16 二〇一四年數據請參考 Human Rights Campaign (2014), p. 8。二〇〇二年數據透過二〇一四年一月六日與人權運動基金會通信確認而得。

17 第一次企業平權指數（CEI）調查透過七項標準評估企業，這七項標準至今仍是評分系統的基礎。根據企業是否在員工手冊或說明書中包含性傾向的書面非歧視政策；是否認可並支持LGBT員工資源團體；是否提供包括性傾向與職場性別表現的多元性訓練；是否針對LGBT社群進行尊重與適當的行銷活動；是否支持LGBT或愛滋相關團體等條件，企業會獲得加分獎勵。如果企業損及LGBT族群的平等權益，企業的評分會降低。欲了解企業平權指數評分系統的演進，請參考人權運動基金會的二〇一三年企業平權指數，第12頁。

18 在二〇〇二年企業平權指數中，人權運動基金會評估了三百一十九所企業。其中十三所獲得了滿分佳績。參考 Human Rights Campaign (2002), *Corporate Equality Index*. Accessed via the HRC website: http://www.hrc.org/files/assets/resources/CorporateEqualityIndex_2002.pdf。

19 在二〇一一年企業平權指數中，人權運動基金會評估了六百一十五所企業。Human Rights Campaign (2002), *Corporate Equality Index*. Accessed via the HRC website: http://www.hrc.org/files/assets/resources/CorporateEqualityIndex_2011.pdf。

20 二〇一二年，艾克森未符合任何一條人權運動基金會的標準，它還阻撓股東提高LGBT

包容性的決議，因此被扣了二十五分。二〇一三年、二〇一四年它再次被評負分。參考 Taffet, David, 'Exxon maintains negative score on annual equality report', *Dallas Voice*, 13 December 2013. Accessed via the *Dallas Voice* website: http://www.dallasvoice.com/exxonmaintains-negative-score-annual-equality-report-10163316.html。另外可參考Juhasz, Antonia, 'What's Wrong with Exxon?', *Advocate*, 3 September 2013. Accessed via the *Advocate* website: http://www.advocate.com/print-issue/current-issue/2013/09/03/whatswrong-exxon。

21 Human Rights Campaign (2005), *Corporate Equality Index*. Accessed via the HRC website: http://www.hrc.org/files/assets/resources/CorporateEqualityIndex_2005.pdf

22 Human Rights Campaign (2006). *Corporate Equality Index*. Accessed via the HRC website: http://www.hrc.org/files/assets/resources/CorporateEqualityIndex_2006.pdf.

23 個人通信（二〇一三年六月二十一日）。

24 舉例來說，參考這份回顧三十六項針對ＬＧＢＴ支持性政策與職場環境對企業表現研究的文獻回顧：Badgett, M. V. Lee; Durso, Laura E.; Mallory, Christy; and Kastanis, Angeliki, 'The Business Impact of LGBT-Supportive Workplace Policies', the Williams Institute, 1 May 2013。

25 個人通信（二〇一三年六月十八日）。

26 個人通信（二〇一三年七月十日）。

27 Sears, B. and Mallory, C. (2011). Economic motives for adopting LGBT-related workplace policies. Accessed via the Williams Institute website: http://williamsinstitute.law.ucla.edu/wp-content/uploads/Mallory-Sears-Corp-Statements-Oct2011.pdf.

28 Hewlett, Sylvia Ann; Sears, Todd; Sumberg, Karen; Fargnoli, Christina, p. 30.

29 一八%的受訪者表示缺乏保護他們的政策，一七%的受訪者表示擔心被解雇。Human Rights Campaign (2009). *Degrees of equality: A national study examining workplace climate for LGBT employees*, p. 15. Accessed

via the Human Rights Campaign website: https://www.hrc.org/files/assets/resources/DegreesOfEquality_2009.pdf。

30 Ibid., p. 13.

31 Hewlett, Sylvia Ann and Sumberg, Karen, 'The Power of Out', Center for Work-Life Policy, 2011, p.7. 工作生活政策中心（Center for Work-Life Policy），現已更名為人才創新中心（Center for Talent Innovation）。

32 個人通信（二〇一三年十二月三日）。

33 Everly, B. A.; Shih, M. J.; and Ho, G. C. 'Don't ask, don't tell? Does disclosure of gay identity affect partner performance?', *Journal of Experimental Social Psychology*, January 2012, Vol. 48, Issue 1, pp. 407–10. 研究者進行了兩個獨立實驗。在第一個實驗中，請受試者坐在房間裡，房裡已經有另一位受試者等著研究開始。研究人員給受試者一張紙，紙上描述他們的合作夥伴。在「模糊」組裡，他們得知合作夥伴來自舊金山，主修室內設計，喜歡烹飪和跳舞。他們得知合作夥伴有穩定關係，但不知道其伴侶的性別。在「告知」組裡，受試者收到一模一樣的合作夥伴資訊，但他們得知合作夥伴和一位名叫賈許的男性交往。受試者與合作夥伴（一位男同志扮演的學生）完成一項數學測驗。如研究人員所預測，與公開身分的同志夥伴合作的受試者，表現較佳。在第二項實驗中，作者測驗受試者在電視遊戲中的表現，電視遊戲中受試者射擊螢幕上的目標，過程需要持續彼此互動。與上一個實驗相同，與公開身分的同志夥伴合作的受試者表現明顯較佳。

34 Ibid., p. 409.

35 個人通信（二〇一三年六月十日）。

36 Out & Equal, Harris Interactive, and Witeck Combs Communications (2006). 'Majority of Americans: Companies not government should decide benefits offered to same-sex employees' (press release). Accessed via the Out & Equal website: http://outandequal.org/documents/2006_Workplace_Survey052306.pdf.

37 Ibid.

38 See Florida, Richard, *The Rise of the Creative Class* (New York: Basic Books, 2002) and Florida, Richard, *The Flight of the Creative Class* (New York: Harper Business, 2005).

39 Florida, Richard, 'Technology and Tolerance: The Importance of Diversity to High-Technology Growth', the Brookings Institution, June 2001. Accessed via the Brookings Institution website: http://www.brookings.edu/~/media/research/files/reports/2001/6/technologypercent20florida/techtol.pdf.

40 這些城市包括舊金山、華盛頓特區、奧斯汀、亞特蘭大與聖地牙哥。

41 Florida, Richard, 'Gay-tolerant societies prosper economically', *USA Today*, 30 April 2003. Accessed via the *USA Today* website: http://usatoday30.usatoday.com/news/opinion/editorials/2003-04-30-florida_x.htm.

42 Noland, Marcus, 'Popular Attitudes, Globalization, and Risk', July 2004. Accessed via the website: http://www.iie.com/publications/wp/wp04-2.pdf.

43 Noland, M., 'Tolerance Can Lead to Prosperity', *Financial Times*, 18 August 2004. Accessed via the Peterson Institutes for International Economics website: http://www.iie.com/publications/opeds/oped.cfm?ResearchID=216.

44 Inglehart, R.; Foa, R.; Peterson, C.; Welzel, C., 'Development, Freedom, and Rising Happiness: A Global Perspective (1981–2007)', *Perspectives of Psychological Science*, 2008 (3), Vol. 4, p. 269.

45 舉例來說，參考 Bosson, J. K.; Weaver, J. R.; and Prewitt-Freilino, J. L., 'Concealing to Belong, Revealing to be Known: Classification Expectations and Self-threats Among Persons with Concealable Stigmas', *Self and Identity*, Vol. 11 (1), 2012, pp. 114–35 ; Smart, Laura and Wegner, Daniel M., 'Covering up what can't be seen: Concealable stigma and mental control', *Journal of Personality and Social Psychology*, Vol. 77(3), Sept 1999, pp. 474–86。

46 Snyder, Kirk, *The G Quotient* (San Francisco: Jossey-Bass, 2006).

47 Ibid., p. xx. 另外參考 Odets, Walt, 'Some Thoughts on Gay Male Relationships and American Society', *Journal of Gay and Lesbian Medical Association*, Fall 1998, Vol.2 (1)。

48 參考 Nicholas, Cheryl L., 'Gaydar: Eye-gaze as identity recognition among gay men and lesbians', *Sexuality and Culture*, Vol.8 (1), pp. 60–86; and Adams, William Lee, 'Finely Tuned Gaydar' (letter to the editor), *The New York Times*, 26 June 2005. Accessed via *The New York Times* website: http://www.nytimes.com/2005/06/26/fashion/sundaystyles/26LETTERS.html?_r=0。

49 這種領導風格包括七項領導原則：包容性、創造力、適應力、連結性、溝通力、直覺、合作。史奈德將這七項原則合稱為「同志商數」（The G Quotient）。

50 個人通信（二〇一三年六月十八日）。

51 'Send an email to Campbell Soup Company President Douglas Conant. Tell him you want his company to stop supporting the gay agenda', 19 December 2009. Accessed via the American Family Association website: http://www.afa.net/Detail.aspx?id=2147483667.

52 個人通信（二〇一三年六月二十七日）。

53 Harris Interactive (18 November 2013). 'America's LGBT 2013 Buying Power Estimated at $830 Billion' (press release).

54 與衛特通信公司（Witech Communications）的個人通信（二〇一三年六月二十日），衛特通信公司與哈里斯互動公司（Harris Interactive）合作。

55 Wheeler-Quinnell, Charlotte, *Marketing: How to Market to Gay Consumers* (Stonewall, 2010).

56 個人通信（二〇一三年十二月三十日）。

57 Harris Interactive, 'Large Majorities of Heterosexuals and Gays Likely to Consider a Corporate Brand that Provides Equal Workplace Benefits to All Employees, Including Gay and Lesbian Employees' (press release, 6 February 2007). Accessed via the Harris Interactive website: http://www.harrisinteractive.com/NEWS/allnewsbydate.asp?NewsID=1171.

58 個人通信（二〇一三年六月二十日）。

59 個人通信（二〇一三年六月十三日）。
60 個人通信（二〇一三年六月三日）。
61 個人通信（二〇一三年十月二日）。

第六章　出櫃的好處

1 個人通信（二〇一三年八月十九日）。
2 個人通信（二〇一三年七月二日）。
3 Reid-Smith, Tris, 'Global business leader Beth Brooke on coming out gay', *Gay Star News*, 20 April 2012. Accessed via the *Gay Star News* website: http://www.gaystarnews.com/article/global-businessleader-beth-brooke-coming-out-gay200412#sthash.B5Z5K32L.dpuf.
4 個人通信（二〇一三年六月二十日）。
5 安東尼奧・西摩斯是滙豐銀行執行長兼英國與歐洲零售銀行與資產管理主任。
6 個人通信（二〇一三年八月十四日）。
7 個人通信（二〇一三年八月十五日）。
8 Black, Kathryn N. and Stevenson, Michael R., 'The relationship of self-reported sex-role characteristics and attitudes toward homosexuality', *Journal of Homosexuality*, 10, 1984, pp. 83–93.
9 研究一再指出，在異性戀男性眼中，男同志比女同志的形象更負面。參考 Kite, Mary. E. and Whitely, Bernard E., Jr., 'Sex difference in attitudes toward homosexual persons, behaviors, and civil rights: A meta-analysis', *Personality and Social Psychology Bulletin*, 22, 1996, pp. 336–53, and Herek, Gregory M., 'Sexual prejudice and gender: Do heterosexuals' attitudes toward lesbians and gay men differ?', *Journal of Social Issues*, 56 (2), 2000,

pp. 251–66。如 Herek 在稍後的一篇文章中所寫道，「……比起異性戀男性對女同志的態度、以及異性戀女性對無論男女同志的態度，異性戀男性對男同志的態度總是特別有敵意。」Herek 也曾寫道，對異性戀男性而言，「同性戀這個話題往往讓他們想起性傾向、性別認同與個人威脅，很可能會因此激起防衛機制。」參考 Herek, Gregory M. and Capitanio, J. P., 'Sex differences in how heterosexuals think about lesbians and gay men: Evidence from survey context effects', *The Journal of Sex Research*, 1999, 36, pp. 348–60。

10 個人通信（二〇一三年六月十三日）。

11 個人通信（二〇一三年七月十一日）。

12 個人通信（二〇一三年六月二十一日）。

13 Human Rights Campaign (2009), *Degrees of equality: A national study examining workplace climate for LGBT employees*, p. 15.

14 Ibid.

15 個人通信（二〇一三年六月十三日）。

16 個人通信（二〇一三年六月二十七日）。

17 個人通信（二〇一三年六月十日）。

18 個人通信（二〇一三年八月七日）。

19 個人通信（二〇一三年十月三十日）。

第七章　意見領袖與偶像

1 個人通信（二〇一三年九月二日）。

2 米蘭達・柯蒂斯在二〇一一年十月被任命為水石公司總裁。史蒂芬・科拉克（Stephen Clarke）在二〇一三年七月成為WHSmith公司執行長。

3 個人通信（二〇一三年六月六日）。

4 個人通信（二〇一三年十一月十九日）。

5 個人通信（二〇一三年十月一日）。

6 欲了解更多關於公開身分的同志民選官員，請拜訪勝利基金會（Victory Fund）網站：http://victoryfund.org。

7 眾所皆知，在美國，新科政治人物的重大挑戰之一就是現任官員。這或許可以解釋美國社會變遷的速度比英國相對較慢。舉例來說，參考Cox, Gary W. and Katz, Jonathan N., 'Why Did the Incumbency Advantage in the U.S. House Elections Grow?', *American Journal of Political Science*, Vol. 40 (2), May 1996；以及Uppal, Yogesh, 'Estimating Incumbency Effects in U.S. State Legislatures: A Quasi-Experimental Study', *Economics & Politics*, 2010, 22: pp. 180–99。

8 Faiola, Anthony, 'Sicily's first openly gay governor wins support with anti-mafia crusade', *The Washington Post*, 2 August 2013. Accessed via *The Washington Post* website: http://articles.washingtonpost.com/2013-08-02/world/40999023_1_cosa-nostra-mafia-nichi-vendola.

9 Reynolds, Andrew, *Out in Office: LGBT Legislators and LGBT Rights Around the World* (Chapel Hill: LGBT Representation and Rights Initiative, 2013), pp. 29–33.

10 Ibid.

11 這個數字對比於二〇一二年一項針對成年大眾的民調中，顯示自我認同為男女同志或雙性戀的比例只有一・五%。參考Office of National Statistics, 'Integrated Household Survey, January to December 2012'. Available at: http://www.ons.gov.uk/ons/dcp171778_329407.pdf。這項民調蒐集了來自大約三十四萬名民眾的資料，是英國除了人口普查以外最大的社會資料庫。英國國民選出六百五十名國會議員代表他們進入下議院。截至二〇一三年底為止，二十四名國會議員為同志，占全體的三．五%。
12 國會議員的時間，一半分給自己的選區選民，一半時間花在倫敦的國會中。根據國會規定，他們維修保養第二個家的花費可以報公帳。自二〇〇六年起，國會議員照規定不可租住伴侶的物業。二〇一〇年五月，一篇新聞報導披露洛斯將自己付給伴侶的房租作為花費申報，金額共超過四萬英鎊，隨後擔任財政部第一副大臣的洛斯引咎辭職。洛斯說，他希望申報房租花費可以讓他的性傾向保持隱私，他不打算藉此增加個人收入。
13 二〇一〇年七月十五日，英國《衛報》刊登了一篇我寫的社論，像大衛．洛斯這樣的公眾人物卻必須隱藏自己的性傾向，對此我感到難過。參考 'Being outed is a blessing', *The Guardian*, 15 July 2010。
14 個人通信（二〇一三年七月八日）。
15 'Profile: Berlin's cult-status mayor', BBC News, 22 October 2001. Accessed via the BBC website: http://news.bbc.co.uk/1/hi/world/europe/1613270.stm.
16 *Hansard*, Vol. 124, cc. 987–1038, House of Commons debate, 15 December 1987. Accessed via the *Hansard* website, 23 November 2013.
17 個人通信（二〇一三年九月二十五日）。
18 Savage, Michael, 'Crispin Blunt fights off local "dinosaurs" who tried to oust him', *The Times*, 19 November 2013. Accessed via *The Times* website: http://www.thetimes.co.uk/tto/news/politics/article3925282.ece.
19 'The Global Divide on Homosexuality' (Pew Research Center, June 2013).
20 CBOS Public Opinion Research Center, 'Polish Public Opinion', February 2013. Accessed via the CBOS website: http://www.cbos.pl/PL/publikacje/public_opinion/2013/02_2013.pdf.
21 Gera, Vanessa, 'Lech Walesa Shocks Poland with Anti-Gay Words', *Huffington Post*, 3 March 2013. Accessed via the

Huffington Post website: http://www.huffingtonpost.com/2013/03/03/lech-walesashocks-poland_n_2802860.html.

22 個人通信（二〇一三年九月二十五日）。

23 'Krystyna Pawlowicz mocks Anna Grodzka', *Super Express*, 29 January 2013. Accessed via the *Super Express* website: http://www.se.pl/wydarzenia/kraj/krystyna-pawlowicz-kpi-z-anny-grodzkiejblaszczak-brakujej-jej-doswiadczenia_303820.html.

24 個人通信（二〇一三年十月一日）。

25 'Soccer chief calls for gays to come out', Associated Press, 17 January 2012. Accessed via the ESPN website: http://espn.go.com/sports/soccer/news/_/id/7471041/german-soccer-chief-theo-zwanzigercalls-gays-come-out.

26 這些聯盟包括美國職棒大聯盟（MLB）、美國國家籃球協會（NBA）、國家美式橄欖球聯盟（NFL）、國家冰上曲棍球聯盟（NHL）。

27 根據UEFA排名，歐洲足球聯盟前六強是西班牙 La Liga、英格蘭超級聯賽（Premier League）、德國甲級足球聯賽（Bundesliga）、義大利甲級足球聯賽（Serie A）、葡萄牙 Primeira Liga、法國 Ligue 1。Accessed via the UEFA website: http://www.uefa.com/memberassociations/uefarankings/country/.

28 'Inner strength, inner peace', Associated Press, 2 November 1994. Accessed via the website: http://news.google.com/newspapers?nid=1368&dat=19941102&id=tplQAAAAIBAJ&sjid=FRMEAAAAIBAJ&pg=5210,373655.

29 個人通信（二〇一三年十二月十三日）。

30 'Homosexualität wird im Fußball ignoriert', *Die Zeit*, 13 January 2014. Accessed via the *Die Zeit* website: http://www.zeit.de/2014/03/homosexualitaet-profifussball-thomas-hitzlsperger.

31 'Thomas Hitzlsperger: Former Aston Villa player reveals he is gay', BBC News, 8 January 2014. Accessed via the BBC News website: http://www.bbc.co.uk/sport/0/football/25628806.

32 Starr Seibel, Deborah, 'Billie Jean King recalls women's rights struggle of her time', *New York Post*, 31 August 2013. Accessed via the *New York Post* website: nypost.com/2013/08/31/sports-legend-billie-jean-king-recalls-womens-rights-struggle-of-her-time/.

33 個人通信（二〇一三年十月一日）。

34 Wertheim, Jon, 'A reluctant trailblazer, Navratilova laid groundwork for Collins', *Sports Illustrated*, 30 April 2013. Accessed via the *Sports Illustrated* website: http://sportsillustrated.cnn.com/magazine/news/20130430/jason-collins-martina-navratilova/.

35 個人通信（二〇一三年十月一日）。

36 Adams, William Lee, 'Olympic Homophobia: Why Are There So Few Openly Gay Athletes?', *Time* magazine, 9 August 2012. Accessed via the *Time* website: olympics.time.com/2012/08/09/olympic-homophobia-why-are-there-so-few-openly-gay-athletes/.

37 'Jason Collins says he's gay', ESPN.com, 30 April 2013. Accessed via the ESPN website: http://espn.go.com/nba/story/_/id/9223657/.

38 'Brendon Ayanbadejo, Chris Kluwe file brief supporting gay marriage', Will Brinson, CBS.com. Accessed via the CBS Sports website: http://www.cbssports.com/nfl/eye-on-football/21787786/brendonayanbadejo-chris-kluwe-file-amicus-brief-supporting-gay-marriage.

39 個人通信（二〇一三年十月九日）。

40 個人通信（二〇一三年十二月十三日）。

41 BBC News, 'Olympic diving star Tom Daley in relationship with man', 2 December 2013. Accessed via the BBC News website: www.bbc.co.uk/news/uk-england-devon-25183041.

42 個人通信（二〇一三年七月十一日）。

43 Barry, Dan, 'A Sports Executive Leaves the Safety of His Shadow Life', *The New York Times*, 15 May 2011. Accessed

via *The New York Times* website: www.nytimes.com/2011/05/16/sports/basketball/nba-executive-says-he-is-gay.html?pagewanted=all&_r=0.

44 Fulford, Adrian, Diversity Speech, South East Circuit, Middle Temple Hall, 20 January 2009. Accessed via the website: www.judiciary.gov.uk/Resources/JCO/Documents/Speeches/justicefulford-diversity-middle-temple-hall-200109.pdf.

45 個人通信（二〇一三年十月九日）。

46 Fulford (2009).

47 Ibid.

48 個人通信（二〇一三年十月九日）。

49 LGB Solicitor Career Survey 2009/2010, InterLaw Diversity Forum. Accessed via the website: http://outandequal.org/documents/London%20Calling.pdf.

50 個人通信（二〇一三年九月二十四日）。

51 Burton, Lucy, 'Revealed: females make up less than 10 per cent of top 100's equity partner ranks', *The Lawyer*, 24 October 2012. Accessed via *The Lawyer* website: http://www.thelawyer.com/revealedfemales-make-up-less-than-10-per-cent-of-top-100s-equitypartner-ranks/1015190.article.

52 Hall, Kathleen, 'Diversity League Table shows promotion gap', *The Law Society Gazette*, 11 November 2013. Accessed via *The Law Society Gazette* website: http://www.lawgazette.co.uk/law/diversity-league-table-showspromotion-gap/5038711.article.

53 LGB Solicitor Career Survey 2009/2010.

54 個人通信（二〇一三年九月二十七日）。

第八章　打碎玻璃

1 個人通信（二〇一三年九月六日）。

2 二〇一三年十二月十日，奧本大學（Auburn University）人類科學院頒發終身成就獎予該學院一九八二年的畢業生提姆・庫克。庫克的這段話來自於他的獲獎感言，奧本大學在二〇一三年十二月十四日上傳至官方YouTube頻道。影片來源：http://youtu.be/dNEafGCf-kw。

3 個人通信（二〇一三年八月十四日）。

4 ‘Out on the Street 2013: A Message from the Founder’. Accessed via the website: http://outonthestreet.org/wp-content/uploads/2012/11/membership-overview.pdf.

5 個人通信（二〇一三年七月十二日）。

6 Kwoh, Leslie, ‘Firms Hail New Chiefs (of Diversity)’, *The Wall Street Journal*, 5 January 2012. Accessed via *The Wall Street Journal* website: http://online.wsj.com/article/SB10001424052970203899504577129261732884578.html.

7 Dexter, Billy, ‘The Chief Diversity Officer Today: Inclusion Gets Down to Business’. Accessed via the Toronto Region immigrant Employment Council website: http://triec.ca/uploads/344/inclusion_gets_down_to_business_cdo_summ.pdf.

8 Kwoh (2012).

9 個人通信（二〇一三年九月十一日）。

10 個人通信（二〇一三年九月十七日）。

11 ‘IBM Supplier Conduct Principles: Guidelines’. Accessed via the Human Rights Campaign website: http://www.hrc.org/files/assets/resources/scpg-v2.0.pdf.二〇〇四年，全國男女同志商會（ＮＧＬＣＣ）與美國航空（American Airlines）、ＩＢＭ、英特爾、摩根大通集團等十一個企業合作，成立供應商

多元性計畫（Supplier Diversity Initiative）。這項計畫提供小型企業LGBTBE認證（lesbian, gay, bisexual and transgender business enterprises），代表企業多數股東、營運者與管理者為LGBT族群。這項認證幫助企業在採購過程中獲得青睞，也讓企業找到值得信賴的LGBT公司合作。

12 個人通信（二〇一三年六月十日）。

13 個人通信（二〇一四年一月十六日）。

14 'Gaygles: Google's LGBT Employee Resource Group'. Accessed via the Google blog: http://googleblog.blogspot.co.uk/2011/06/celebrating-pride-2011.html.

15 個人通信（二〇一三年八月三十日）。

16 個人通信（二〇一三年九月六日）。

17 Froelich, Jacqueline, 'Gay Walmart group PRIDE comes out', *Arkansas Times*, 12 December 2012. Accessed via the *Arkansas Times* website: http://www.arktimes.com/arkansas/gay-walmart-grouppride-comes-out/Content?oid=2568636.

18 個人通信（二〇一三年十二月六日）。

19 Human Rights Campaign, Corporate Equality Index, 2014, p. 30.

20 Human Rights Campaign, Corporate Equality Index, 2006, p. 8.

21 個人通信（二〇一三年九月六日）。

22 個人通信（二〇一三年六月二十四日）。

23 Cowan, Katherine, *Monitoring: How to monitor sexual orientation in the workplace* (Stonewall Workplace Guides, 2006), p. 12.

24 個人通信（二〇一三年九月十一日）。

25 個人通信（二〇一三年十一月二十九日）。

26 個人通信（二〇一三年十二月二日）。
27 個人通信（二〇一三年六月二日）。
28 Hewlett, Sylvia Ann; Sears, Todd; Sumberg, Karen; and Fargnoli, Christina, p. 35.
29 個人通信（二〇一四年一月十六日）。
30 個人通信（二〇一三年六月十日）。
31 Ashworth, Alice; Lasko, Madeline; and Van Vliet, Alex, *Global Working: supporting lesbian, gay and bisexual staff on overseas assignments* (Stonewall Workplace Guides, 2012), p. 9.
32 與西盟斯法律公司（Simmons & Simmons）的個人通信（二〇一四年一月十日）。
33 個人通信（二〇一三年八月十六日）。
34 個人通信（二〇一三年六月十四日）。

第九章　衣櫃之外

1 *The World at One*, BBC Radio 4, 2 December 2013.
2 'Gays in the military: The UK and US compared', BBC News, 2 February 2010. Accessed via the BBC website: http://news.bbc.co.uk/1/hi/8493888.stm.
3 'Gay Tory frontbencher comes out', *The Guardian*, 29 July 2002, Accessed via the *The Guardian* website: http://www.theguardian.com/politics/2002/jul/29/conservatives.alanduncan.
4 Macalister, Terry and Carvel, John, 'Diversity drive at BP targets gay staff', *The Guardian*, 20 June 2002. Accessed via *The Guardian* website: http://www.theguardian.com/uk/2002/jun/20/johncarvel.terrymacalister.
5 Chittenden, Maurice, 'Air tycoon breaks City's gay taboo', *The Sunday Times* (of London), 27 October 2002. Accessed

via *The Sunday Times* website: http://www.thesundaytimes.co.uk/sto/news/uk_news/article216937.ece.

6 Parris, Matthew, 'Lord Browne paid the price for the City's awkwardness about gays', *The Times* (of London), 2 May 2007. Accessed via *The Times* website: http://www.thetimes.co.uk/tto/opinion/columnists/matthewparris/article2044118.ece.

7 Ibid.

8 個人通信（二〇一三年十月十日）。

9 個人通信（二〇一三年十二月三日）。

玻璃衣櫃——英國石油前執行長的出櫃告白與企業平權之路 / 約翰・布朗（John Browne）著；王祁威譯 -- 初版. -- 台北市：時報文化, 2015.9； 面； 公分 （PEOPLE 叢書; 395）
譯自：The Glass Closet: Why Coming Out Is Good Business
ISBN 978-957-13-6398-1（平裝）
1. 布朗 (Browne, John, 1948-) 2. 傳記 3. 同性戀

784.18 104017831

ISBN 978-957-13-6398-1
Printed in Taiwan.

PED0395

玻璃衣櫃——英國石油前執行長的出櫃告白與企業平權之路

The Glass Closet: Why Coming Out Is Good Business

作者　約翰・布朗 John Browne｜**譯者**　王祁威｜**主編**　陳盈華｜**美術設計**　許晉維｜**董事長・總經理**　趙政岷｜**總編輯**　余宜芳｜**出版者**　時報文化出版企業股份有限公司　10803 台北市和平西路三段 240 號 3 樓　**發行專線**—(02)2306-6842　**讀者服務專線**—0800-231-705・(02)2304-7103　**讀者服務傳真**—(02)2304-6858　**郵撥**—19344724 時報文化出版公司　**信箱**—台北郵政 79-99 信箱　**時報悅讀網**—http://www.readingtimes.com.tw｜**法律顧問**　理律法律事務所 陳長文律師、李念祖律師｜**印刷**　勁達印刷有限公司｜**初版一刷**　2015 年 9 月 25 日｜**定價**　新台幣 360 元｜行政院新聞局局版北市業字第 80 號｜